CUANDO LA PALABRA NO ES SUFICIENTE

*AFRONTANDO EL DUELO POR
LA MUERTE DE UN HIJO*

Dilenia Encarnación

BIENETRE
EDITORIAL

CUANDO LA PALABRA NO ES SUFICIENTE

Dilenia Encarnación

Publicado por: Editorial Bien-etre.

Diseño y Diagramación: Esteban Aquino, Ce Advertising.

ISBN: 978-9945-628-14-2

Edición: Editorial Bien-etre.

www.a90d.com

Primera edición 2021.

Se lo dedico a Dios por darme las fuerzas para escribirlo.

A todas aquellas Madres y Padres que han pasado o están pasando por la triste realidad de haber perdido un hijo.

Índice

CAPÍTULO 3

Agradecimientos

Agradezco primeramente a Dios por darme las fuerzas de escribir este libro.

A todas las madres y padres que he conocido en este camino por enseñarme que no estoy sola, que si ellos pudieron seguir después de rompérsele la vida yo también podía.

A mis hijos, especialmente a Daniel Espinosa porque él me traía de regreso a la tierra cuando andaba en la luna.

A mi esposo Ricardo Espinosa por su apoyo y por creer en mi proyecto.

Le agradezco especialmente a una persona que estuvo todo el tiempo acompañándome en el funeral, hablándome en los oídos, tomándome el hombro para que el funeral no quedara incompleto. Porque ella sabía de la importancia de vivir este momento y de no vivirlo como era, traería repercusión en el futuro. Ella es María Dolores Luna.

Mi agradecimiento muy especial a mi hermana Francia Yvelisse Encarnación, nunca se apartó de mí, siempre estuvo presente en este proceso tan doloroso dándome su apoyo.

A Elba María García, fue la persona que me devolvió la fe.

Neury Bidón, quien siempre la molestaba para que leyera mis escritos, era una forma de comprobar si lo que escribía era bueno. Ella siempre me motivaba a escribir.

A una persona muy especial para mí, mi terapeuta Mayra Perera, ella sin darse cuenta me dio el visto bueno para escribir este libro, cuando leía mis escritos me preguntaba ¿tú escribiste esto? Y yo pensaba por dentro de mí, si le gustó a ella le puede gustar a otras personas.

A Keila González, mi mentora, porque Dios la puso en mi camino y no fue casualidad, al conocerla se me abrieron todas las posibilidades de hacer mi sueño realidad.

PRIMERA PARTE

HISTORIA DE LOS HECHOS

CAPÍTULO 1

EL FIN DE LA ÉPOCA MÁS FELIZ DE MI VIDA

Era navidad de 2012 cuando decidí visitar a mi familia en San José de Ocoa. Estábamos felices porque había nacido nuestra muy deseada hija. Yo quería que mi familia la conociera porque rebosaba de felicidad, ya que pensaba que no iba a tener hembra, pues tenía dos varones: Adonay mi hijo mayor de 17 años y mi segundo hijo de 7 años.

Sin pensarlo dos veces emprendí el viaje. El día en que me iba no aparecía taxi, pero obligué a mi hijo a buscar uno. Mi segundo hijo me había dicho que no iba porque tuvo un sueño malo, pero no le hice caso.

Adonay no quería ir conmigo a San José de Ocoa, porque quería pasar navidad con su novia y quería quedarse en casa. Pero, finalmente sí vino, así que nos fuimos los tres para San José de Ocoa. Cuando íbamos de camino había un tapón jamás visto, y recuerdo que el chofer me dijo:

— Señora, yo siendo usted me devuelvo porque hay un tapón tan grande que hoy no van a llegar.

Pero no le hice caso. Mi meta era llegar a Ocoa ese día. Llegamos a San José de Ocoa, mi pueblo natal, como a las 4 de la tarde. Era 22 de diciembre. Todo era alegría, alegría que jamás experimenté antes. El ambiente se prestaba para eso.

Me sentía realizada; la mujer más feliz de la vida. Transcurrieron con normalidad los días 23 y 24. Llegó el 25 de diciembre.

Ese mismo día, Adonay se fue a visitar sus abuelos y como a las 2 de la tarde regresó. No quiso comer porque no le gustó la comida. Como a eso de las 3 de la tarde, le dije:

— Voy a cruzar para aquel lado, para un río pequeño que hay del otro lado de la calle donde vive mi papá- en el barrio San Luis de San José de Ocoa.

— Yo no voy - me dijo.

— Tú te lo pierdes – respondí.

Como vio que íbamos muchas personas y que también iban sus primitos, decidió ir. Antes de salir de la casa llamé a mi esposo y le dije que iba con los niños para el río y me dijo:

— Ten cuidado por ahí.

— No hay peligro; es un río seco – le contesté.

Luego de pensarlo bien, les dije a los niños que mejor no íbamos para evitar problemas, pero los niños querían ir.

Premonición: cuando la tragedia da señales

Cuando estaba vistiendo a mi segundo hijo de 7 años de edad para ir al lugar donde visitaríamos esa tarde dijo:

— El dueño de ese bulto rojo se va a morir hoy.

— ¿Tú te estás volviendo loco? Ese bolso es de tu hermano Adonay. ¿por qué dices eso? -pregunté asustada.

— Lo siento en mi corazón mamá, lo tengo acelerado, ponme las manos.

Le puse las manos y sí, estaba acelerado tal como me decía, pero no le presté atención. Pensé que se sentía así, porque estaba ansioso por ir al río. Pero, ni siquiera con todas estas señales que el Señor me mandaba hice caso.

Cuando íbamos de camino, me encontré con un hermano mío y me dijo:

— No vayas por ahí, se esconden drogadictas.

— Yo no le tengo miedo a nada – alcancé a responder.

Y nos fuimos. De camino todo lucía espectacular y marchaba muy bien. Era un lugar hermoso.

Adonay me dijo:

- ¡Qué lugar tan hermoso! Me gustaría vivir aquí o venir más a menudo.

Caminamos como media hora y uno de los jóvenes que andaba con nosotros nos dijo:

— Aquí es el charco.

— ¿El charco de parra? - pregunté.

— No, el charco de parra lo borró el río - me respondió.

— Pero, nosotros salimos para el charco de parra.

Adonay, iba tirando fotos. Estaba muy feliz y llevaba a la niña en sus brazos. Cuando llegamos le dije:

— Estoy cansada, me voy a quedar aquí sentada.

Luego, me dijo:

— Voy a subir a ver una cueva que hay aquí arriba.

Le quité a la niña y le dije:

— Sube tú y no tardes que nos vamos de una vez, porque hace frio y la niña se puede resfriar.

Así que se fueron él, el joven que andaba con él y otra prima que tenía como doce años.

Como a los 20 minutos veo a la primita que viene sofocada y le pregunté:

— ¿Los muchachos dónde están?

— Se quedaron bañándose – me dijo

El corazón me dio un salto, me empecé a preocupar y le pregunté:

— ¿Pasa algo? Porque te veo asustada.

— No, lo que pasa es que ellos me querían tirar en el río y salí corriendo – me respondió.

En eso veo una luz brillante como el oro, que ronda sobre mí y le pregunté a mi hermana:

— ¿Y esa luz tan rara?

— ¿Qué luz? – me respondió extrañada.

— Pero tú no tienes aretes brillantes – le dije pensativa.

Y en ese mismo momento apareció el joven que andaba con Adonay. Tenía las manos en la cabeza y solo decía:

- ¡No pude hacer nada! ¡No pude hacer nada!

Yo solté la niña, no sé a quién se la entregué y le pregunté desesperada:

— ¿Dónde está Adonay? ¿Cómo que no pudiste hacer nada? Si por aquí no hay peligro, a lo mejor se cayó y se dio un golpe...

¡Pero, qué va! Al parecer él cayó en un charco que tenía un remolino por debajo y no pudo salir. Según el joven, luchó por salir y no pudo. Más tarde, confesó que la niña sabía lo que estaba pasando, que por eso él la envió a pedir ayuda, pero no supimos por qué la niña se quedó callada. Quizás por miedo.

Corrí como una loca al lugar de los hechos, pero ya allí no se veía nada. Vociferé más fuerte que nunca y mientras observaba el lugar, me percaté de que en la parte de arriba había gente trabajando. Estaban como poniendo unos tubos, y al ver mi preocupación se pararon y dijeron:

— ¿Qué es lo que pasa?

Le contamos lo ocurrido y nos respondieron extrañados:

— Pero si el joven hubiese voceado, yo o cualquiera de mis compañeros hubiera bajado y lo hubiera sacado.

Aquellas palabras destruyeron mi corazón en mil pedazos, pues el joven nos había dicho que él voceó, pero que nadie lo escuchaba. También dijo que Adonay se agarró de su polo shirt para no dejarse ahogar, pero que no pudo sostenerse y se zafó, porque de lo contrario se iban a ahogar los dos... Eso sí que me partió en dos, porque de solo pesar en su desesperación por salvarse, el dolor se volvía inaguantable para mí.

Me tiré al suelo y grité con ira fuertemente a Dios. Recuerdo que grité ¿Por qué a mí, por qué me lo quitas?

De repente me vi sin zapatos, no sé dónde los boté. Estaba en la nada, me sentía derrotada y constantemente me preguntaba ¿qué es esto que está pasando? Y todavía, después de 7 años me cuesta creerlo.

Las mentiras en el suceso

Me empezaron a hablar mentiras no sé con qué propósito. Me decían:

— No, fue en otro hoyo que cayó. Está vivo porque ahí no hay agua. Vamos a llamar a la Cruz Roja para que lo saque. Vete para la casa.

En la noche no dormí pensando que él tenía mucho frío, porque hacía mucho frío, pero mi corazón me decía que él no estaba vivo. Me confundieron más con ese relato de que estaba en un hoyo, pero mi corazón de madre me decía que no, que él ya no estaba, y lo único que yo repetía todo el tiempo era:

— Adonay, regresa que mañana tenemos que irnos.

Nadie podía creer lo que estaba pasando. La gente me miraba con lástima. Yo insistía en preguntarle a la gente que, si era verdad lo del otro hoyo o cueva, pero se quedaban callados y me miraban con una mirada acusadora.

Por mucho tiempo odié a todo el mundo porque me mintieron. Esa noche no pudieron dar con mi hijo, amanecieron buscándolo. Recuerdo que llegué a la casa y vi que uno de mis hermanos había llegado y le dije:

— No aparece Adonay.

Él se quedó cabizbajo como quien piensa "¡qué desgracia ha pasado!".

Ahí me sentí derrotada y destruida. Lo que estaba por conocerse, pero que en el fondo yo ya conocía, era inminente.

En ese momento, llegó mi esposo de Santo Domingo, ya le habían avisado de lo que estaba sucediendo, no sé quién, creo que una de mis hermanas, que también andaba con nosotros para ese lugar. El hermano de mi esposo era quien manejaba el carro, porque mi esposo no podía de lo tenso y estresado que estaba. Al verme, corrió hacia donde yo estaba, y se lanzó sobre mí mientras lloraba desconsolado, yo me quedé paralizada sin saber qué hacer, ni qué decir.

Al día siguiente, siguieron la búsqueda y como a las 12 del mediodía llegó la noticia. Lo encontraron y habían podido sacarlo del charco donde estaba metido.

Nadie quería decirme que lo habían encontrado ahogado, pero ya yo en mi corazón lo sabía, solo que no lo quería aceptar. Era imposible para mí aceptar aquella monstruosidad.

Le pregunté a mi esposo:

— ¿qué está pasando?

— Parece que lo encontraron – me respondió nervioso. ¡Hay que poner los pies sobre la tierra! – continuó en tono molesto.

¡Qué duras palabras para una madre que espera ver a su hijo con vida! Creo que no sabía qué o cómo decirme lo que pasaba. Quizás me lo dijo cegado por la ira.

Aquí lo inesperado me hizo desmayarme por un momento. No encontraba qué hacer. La mente se quedó en blanco y todo parecía desaparecer. Por mi mente solo transitaban pensamientos de desespero: ¿qué está pasando? No entiendo esto. ¿Qué es esto tan feo que siento?

Aquel día que brillaba con un sol hermoso, se volvió gris, oscuro. Era testigo de una horrible película de terror que se proyectaba frente a mis ojos y que quería evitar a como diera lugar. Sentía un miedo profundo.

CAPÍTULO 2

EL TERRIBLE IMPACTO DEL DOLOR

Cuando se está frente a un acontecimiento tan estresante como este, se experimenta una sensación de estado de shock. Esto sucede porque el cuerpo es inteligente, ya que sirve como una especie de mecanismo de defensa, que busca proteger al organismo de tanto estrés y carga emocional.

Se dice que una de las muertes más difíciles de superar son las inesperadas y peor aún, la muerte de un hijo. Junto con él en ese momento, se me fue el pasado, presente y futuro. Lo vi todo perdido. Sentí que todo había terminado, que había llegado nuestro fin. No existen palabras para describirlo.

Al igual que un terremoto de ocho grados, algunas personas lo han vivido y otras no. El que lo ha presenciado en alguna oportunidad, desde que empieza a temblar la tierra siente pánico; sin embargo, quienes nunca lo han presenciado antes, se quedan tranquilos ante un pequeño movimiento de tierra. Algo parecido sucede con la muerte de un hijo. Todo tu mundo como lo conocías y lo vivías queda destruido.

Esto se vuelve más destructivo cuando no encuentras ese refugio, ese apoyo que te da seguridad y paz. Cuando en vez de ayudarte y acompañarte se alejan de ti, manteniéndose a dos kilómetros de distancia para no tener ese incómodo encuentro. De pronto, temen contagiarse con esa profunda tristeza, con esa ira, irritabilidad y aburrimiento.

Yo siempre traté de superarme, de seguir estudiando, porque por encima de las circunstancias, yo quería dar lo mejor, que se sintiera orgulloso de mí. Yo lo crié sola como quien dice, su papá casi nunca lo buscaba, pero aun así nunca le faltó nada. A pesar de todo, nunca le hablé mal de su papá para no dañar su estima.

Lo cuidé como a nadie, pero en el fondo siempre tenía ese temor de que algo pudiera pasarle. De noche, me levantaba a darle una vuelta, lo acotejaba y lo alejaba de cualquier cosa que pudiera asfixiarlo. Siempre le decía:

— No te pongas la almohada en la cara que eso es malo. No duermas pegado a la pared que eso es malo, te puedes asfixiar.

Cuando salía, yo me quedaba preocupada hasta que llegara; creía que le podía pasar algo. Casi no lo dejaba salir, peleábamos mucho por eso. Y mira cómo se me fue y no me di cuenta. Pasó lo que yo más temía.

Cuando tenía 7 meses de mi último embarazo, padecí de una ansiedad tremenda, al punto que fue necesario medicarme porque me subió la presión. Era una cosa espantosa, sentía que algo muy grande iba a pasarme, no podía dormir de la angustia. Pensaba que me iba a morir en el parto e iba a dejar mis hijos solos, y fue él quien me dejó a mí... con tantas preguntas sin respuestas.

— ¿Por qué a mí, si yo no le hago mal a nadie? ¿Por qué a mi Dios, si yo te obedecía? ¿Para qué me lo diste si me lo ibas a quitar? ¿En qué fallé como madre? ¡Si pudiera, volvería el tiempo atrás! ¡Era solo un niño empezando a vivir! ¿por qué te lo llevaste?

Muchas, ¡tantas! preguntas que me desesperaban y a la vez me ayudaban a desahogarme, y sentir alivio.

No es lo mismo un hijo que ha enfermado y ha tenido que luchar con esa enfermedad, que un hijo que muere repentinamente y de manera accidental. Aunque imagino que es el mismo e intenso dolor.

Que haya sido repentinamente es abrumador. En estos acontecimientos siempre queda la culpa, pero la culpa por muertes accidentales es devastadora y se lucha cada día para que esta culpa no te destruya. Ya he trabajado en el hecho de que no tengo la culpa de lo que pasó, pero mi mente y mi corazón me torturan diciéndome lo contrario y la sociedad ayuda bastante a alimentar esta idea errónea. La sociedad te ve como una mala madre porque no lo cuidaste lo suficiente, te dice palabras que te perturban más, fue un descuido, por qué lo obligaste a ir sino quería, qué hacían por ahí en ese lugar, por qué sales en Navidad si se debe pasar en familia.

Solo aquellas personas que han pasado por esta terrible experiencia pueden entender.

Recuerdo las palabras de algunas personas:

— Dios lo quiso así.

— Era su tiempo.

— Ahora es un ángel ...

Y yo solo pensaba: era mi hijo amado, solo lo quiero a mi lado, lo quiero de vuelta. Pensar que ya no se podía hacer nada para regresarlo, que no había dinero suficiente que lo regresara, te llena de ira e impotencia desmedida.

— No quiero un ángel, ¡quiero a mi hijo!, no era su tiempo porque estaba empezando a vivir –era en lo único que podía pensar.

Cada palabra, cada sugerencia de la gente, era como un cuchillo que clavaban en mi corazón.

Recuerdo aquellos primeros días. Pensaba: él va a resucitar y regresará. Todos los días lo esperaba. No me cabía en la cabeza que jamás lo volvería a ver. Olía su ropa y la que quedó sucia no la quería lavar para olerla, porque así me sentía en contacto con él.

Me dolía ver a mi otro hijo sufrir por su hermano; él también tenía preguntas de si volvería o si estaba bien en el cielo. Eso me terminaba de romper el corazón.

Vi como todos se alejaron de mí. Desaparecieron familiares, amigos. ¡Qué sola me sentía! y me preguntaba ¿por qué ahora que los necesito no están? Más de una vez me dije: ¿ahora qué voy a hacer? ¿Qué va a ser de mí? Todo, absolutamente todo, perdió sentido para mí. Sentía que ya no había razón para vivir.

Me quería meter debajo de la cama y no salir jamás. Aunque añoraba la compañía, al mismo tiempo no quería ver a nadie y me hacía la dormida para no hablar con nadie.

La niña creció y no me di cuenta. Estaba totalmente distraída. No quería vivir; me costaba vivir. A mi dolor no se le podía poner nombre; no podía creer lo que me estaba pasando. Para mí solo era una pesadilla de la cual despertaría. Mi hijo amado, del cual nunca me había separado, ¿cómo era posible que ya no estuviese? Las ganas de verlo, de abrazarlo, de decirle cuánto lo amaba, de darle lo que aún no le había dado me sumían en el lugar más oscuro que un ser humano puede caer. Aunque para el resto del mundo yo estuviera mejorando, en ese lugar oscuro toqué fondo.

Cuando veía a una madre subir una foto a Facebook de su familia completa, la ira era tan grande que hasta miedo me daba. Me daba envidia ver familias completas con todos sus miembros, y sentía que mi herida me sangraba por dentro, me daba vergüenza ante los demás de que mi hijo ya no estaba en mi familia, sentía todos los ojos acusadores encima de mi como diciéndome por tu culpa Adonay ya no está con ustedes.

¿Dios, por qué a mí?

Recuerdo la muerte de mi madre, lo difícil que fue, también la de mi hermano, pero... la de mi hijo ¡nooo!, no había manera de salir, de recuperarme. Pensaba ese sería mi fin.

Cuántas noches sin dormir...cuántos días sin comer. El episodio se metió en mi mente y no salía de allí. Estaba agotada, cansada de tanto dolor y desesperación. Mi mente divagaba, deliraba.

Sentía que cansaba a la gente con mis pláticas repetidas. Me daba ira tener que seguir viviendo en esta situación que no era vida para nadie. Las noches para mí eran cortas y los días excesivamente largos.

Llegué hasta dudar de la existencia de Dios, porque sentía que si me pasó esto era porque Dios no existía ya que yo no encontré maldad en mí para que me sucediera. Además, estaba tan confiada en Dios de que Él me protegía a mí y a mis hijos o mi familia, que jamás pensé que me vería frente a tal crisis.

Sin embargo, solo Dios me ha dado la fortaleza de seguir sin mi Adonay. Porque sin Dios estoy segura que no hubiera salido de donde caí de la noche a la mañana. Dios me dio paz en medio de la tormenta, me hizo encontrar esa fortaleza que todos llevamos dentro para usarla en momentos como estos. Comprendí que Dios nunca quiso que me pasara nada malo, que me mando muchas señales para que yo no fuera a ese lugar, pero está el libre albedrio para elegir nuestras decisiones.

Mi deseo era beber alcohol para olvidar este dolor que me estaba matando, pero Dios en su misericordia nunca lo permitió. Solo pensaba en la muerte, en morirme, pero le tenía mucho temor a Dios y le suplicaba paz, que guardara mis pensamientos y después de tanto tiempo en agonía fui escuchada por Él.

De no importarme nada, absolutamente nada, pasé a tenerle miedo a todo. Empecé a padecer de fobia social; cosas que en mi profesión veía como muy simple y sin sentido, ahora yo la padecía fuertemente aun sabiendo que esa fobia se alimentaba de creencias irracionales.

Empecé a tener ataques de pánico, a tenerle miedo a la gente, me daba terror comer en público, escribir en público, entre otras cosas. Estaba desesperada porque mi trabajo se trataba de eso, de escribir y tratar con gente. En una ocasión pensé en renunciar, pero no podía darme ese lujo porque necesitaba trabajar.

Busqué ayuda desesperada con psicólogos y en mi iglesia con una compañera que conocí, me traté con ellos y me pudieron ayudar a sentirme un poco en paz. Yo necesitaba tomar las riendas de mi vida, necesitaba actuar porque sentía que aun todo se complicaba y no daba los frutos que yo quería. Todo se me venía encima; se me estaba arruinando la vida por completo.

De mi carrera, me decepcioné y ya no quería ejercer. Le oré mucho a Dios. Le pedí perdón por dudar de Él, le supliqué que me ayudara. Agarrada de mi Dios pude superar muchos de esos miedos. Aún no estoy del todo bien, pero me siento muy orgullosa de mí por haber logrado superar muchas cosas y con ganas de ayudar a otros. Dios fue mi mejor terapeuta.

En este transcurrir me he dado cuenta de que el amor lo es todo, lo puede todo, lo cura todo. He leído algunos escritos que dicen que con el amor solo no basta y yo te digo que, si hay amor, se actúa, se hace cualquier cosa.

Sabía que mi duelo era el reto más grande que debía enfrentar. Desde un principio tuve la certeza de que elaborarlo era una tarea ineludible y personal, una tarea que absolutamente nadie podría hacer por mí y a ello me dediqué en cuerpo y alma.

Tras perder a Adonay, sentí la necesidad urgente de tomar postura ante mi angustiosa e inesperada situación. Aunque en muchas ocasiones me llegaban pensamientos como: "esto es insuperable, no podré salir de aquí porque es muy fuerte, no se puede hacer nada, cada día me siento más débil, más inútil para seguir".

Un día me dije: ¿te paras o te quedas tirada para siempre? Y fue cuando decidí hacer algo por mí. Entonces, tomé el timón de mi vida sin saber a dónde llegaría o iría, pero con la certeza de no permitirme abandonar mi barco durante la tormenta, porque si no se iría a la deriva con los tripulantes que aún quedaban y que deseaban seguir viviendo. Aposté por la vida con la mejor máscara que podía ponerme y puse en frente el principal ingrediente: el amor por quienes me aman.

Suficiente desgracia era perder a Adonay como para perderme a mí misma y a los que me querían.

A partir de aquí, me enfrasqué en una desenfrenada búsqueda de respuestas. Me convertí en una voraz lectora de libros de religión, psicología del duelo, vida y muerte, vida después de la muerte, experiencias cercanas a la muerte, espiritualidad.

Me topé con las fases o etapas de duelo. Esto me ayudó a saber por dónde andaba y viendo mi situación no pude eludir ninguna.

Necesitaba respuestas racionales para comprender y esperanza para tolerar el dolor.

Reconocer que estar en duelo no es estar enfermo y que por más peregrinos o sorprendentes que fueran mis sentimientos todo podía tener cabida, me tranquilizó. Tomar conciencia de que aquel torbellino de emociones intensas y contradictorias era normal y que me acompañarían durante un tiempo considerable, me hizo asumirlo con una actitud diferente y me permitió centrarme eficazmente en mi recuperación.

El reflexionar, tener paciencia y saber que algún día alcanzaría la paz que necesitaba, además de llevar un diario, me ayudó a ordenar mi proceso de duelo, mi mente, mí día a día, y pude confiar en mis propios recursos, reconciliarme con la vida y aprender a vivir sin Adonay. O a vivir con él de otra manera.

Entendí, también, la importancia que tiene para el ser humano la expresión de las emociones, hablar y ser escuchados, para que, drenando el dolor, podamos ir progresando adecuadamente en el duelo.

Al transcurrir 7 años, tengo una mayor perspectiva. Recuerdo que con la pérdida de Adonay sentí que toda mi estructura emocional se destruyó, y que recomponerla me ha obligado a enfrentar miedos, fobias, sentimientos de vulnerabilidad, de culpa, limitaciones para desenvolverme eficazmente en la vida, insomnio, ataques de pánico, ansiedad, baja autoestima, inseguridad, sentimientos de no merecer nada; dejando cambios profundos en mí.

Me ha cambiado como nos cambia cualquier acontecimiento importante en nuestra vida y más aún con una fuerza veloz por su naturaleza tan traumática. Demasiado trabajo para una sola persona que lucha por salir de ese mundo oscuro donde ha caído sin esperanza, ni fuerzas para poder salir.

Tuve que mudarme porque no soporté volver a la casa, no soporté ver el barrio y a sus amigos sin él. Pero, mudarme para otra casa sin él fue devastador. Donde quiera que iba huyéndole a mi dolor, su recuerdo iba conmigo persiguiéndome como si quisiera destruirme de una vez y por todas.

Cada duelo es único, he comprendido que el dolor siempre va a estar, pero podemos seguir adelante con lo que la vida nos dejó. Superar un duelo de esta magnitud solo depende de uno mismo, porque la elección y la decisión de seguir adelante para rehacer nuestra vida dependen de nuestra fuerza de voluntad, nadie puede hacerlo por nosotros. Y hay que tomar esta opción sin reservas, porque sin esa decisión, todo lo demás sería inútil, de poco servirían los grupos de apoyo, las terapias psicológicas, los amigos, la familia, el entorno generoso, la exploración, las lecturas...

Al principio, la felicidad se borra de nuestras vidas. Esa palabra ha desaparecido del diccionario para quienes experimentamos un evento de este tipo y se ve o percibimos todo sin sentido, irreal, incierto.

La vida me puso contra la espada y la pared: elegir seguir o desistir. Como he mencionado antes escogí seguir y sabía lo que esta decisión significaba para mí: trabajar duro, aunque me cansara. Tenía que levantarme y continuar el camino hasta llegar a la luz, no importando cuanto camino tuviera que recorrer, ni el tiempo que me llevaría porque tenía la esperanza de lograrlo. Aunque muchas veces tropecé porque el camino se tornaba espinoso, rocoso, muy oscuro sin un reflejo de luz, escuchaba esa voz en mi interior que me decía párate y sigue, estás a punto de lograrlo.

A raíz de un sueño o revelación que tuve con mi hijo, me di cuenta de que es un ángel que me cuida siempre, pero que él no puede hacer nada por mí. Así me lo manifestó en el sueño y escribiendo estas palabras no puedo evitar que se me escapen algunas lágrimas porque fue un sueño que se sintió muy real, y creo que está en un bonito lugar porque cuando murió y aun no sabía que estaba muerto vi su luz sobre mí -aquella luz dorada que mencioné en el capítulo anterior- y en ese mismo instante me llegó la cruel noticia de que mi hijo no aparecía. Allí conocí a Dios en medio del desierto.

Las inevitables recaídas

Las recaídas nos vuelven a tirar por el piso y a hundirnos en la más profunda angustia y desesperación, pero debemos tener paciencia en lo que más podamos sin luchar con esas emociones para que esto nuevamente pase. Y pasará. Tal vez el dolor que traemos es intolerable y cuando a eso se agregan otros problemas se convierte en una avalancha. En estas recaídas hay que tener paciencia y buscar ayuda si no se puede solo.

Por mucho tiempo no entendí que esta ansiedad tan grande que me llegaba, y esta angustia que no sabía si podía soportar o colapsar, era porque no expresaba mis emociones y no decía como me sentía a otros, además de que me resistía a sentirlas, quería que se fueran rápido. Entonces, más bien se potenciaban y se quedaban.

En estos momentos, hay que tener calma y paciencia, darte permiso de sentir las emociones lo mejor que se pueda y de esta manera no se queden mucho tiempo.

Lo cierto es que estas recaídas son verdaderos detonantes de sensaciones incomparables, derivados de la represión emocional que en algunos casos lo hacemos para que los demás piensen que ya estamos bien y en otros, por vergüenza de seguir hablando de lo mismo.

Digan lo que digan, las recaídas son inevitables, además de que son formas de salir y seguir más fortalecidos en este proceso. Los momentos más difíciles que pueden provocar recaídas y que nos hacen tocar fondo nuevamente son los cumpleaños, tanto del hijo fallecido como de cualquier miembro de la familia, las fechas festivas como navidad donde todos se reúnen y están felices, la fecha de su muerte; pues estas son fechas que te marcan la vida y por más herramientas que tengas para enfrentarlo son inevitables.

Lo que debemos hacer es evitar luchar con ese momento, aceptarlo y dejar que pase. A veces, cuando estamos en ese momento de una recaída, pensamos que estamos peor y que no hemos avanzado nada, pero no es así. No estamos como al principio; sí hemos avanzado. En cada recaída nos fortalecemos para continuar el difícil camino que nos toca transitar y que debemos seguir lo mejor que se pueda y como se pueda.

Debemos recordar todos los días que estamos construyendo nuestras vidas nuevamente. Es empezar de nuevo, es aprender a vivir sin esa persona que se fue y que no vendrá jamás.

Con el tiempo empezaremos a sentir que vamos adquiriendo paz y serenidad. Las recaídas se irán dando cada vez con menos frecuencia y menor intensad. Además, dentro de cada uno están las herramientas para seguir, solo tenemos que buscar adentro para encontrarlas. Estoy segura de que la encontrarás, así como yo lo hice.

En cada recaída es inevitable volver a preguntarnos ¿por qué a mí? ¿Qué hice para merecer esto? Y muchas otras preguntas. Esto debido a que buscamos sentir alivio y parece que estas preguntas nos dan ese alivio que necesitamos en ese momento.

Podemos estar bien y de la nada nos llega la recaída. Estamos tan vulnerables que cualquier cosa, por pequeña que sea nos propicia una recaída, puede ser una visita inesperada, una llamada telefónica, una palabra de un ser querido.

Cuando decimos algo sobre el ser querido que se ha ido, y no nos entienden, una foto que no hemos visto o tenemos mucho tiempo sin ver, un lugar que visitemos al que íbamos con él, en fin, es tan dura esta situación que solo el que ha tenido la desdicha de pasar por esto es el único que puede entenderlo.

Recuerdo el primer año nuevo sin él. No pude sentarme a la mesa a comer. Se me hizo un nudo en la garganta al punto de que no me salían las palabras. El primer cumpleaños sin él fue terrible, en general, todo el primer año fue devastador, porque fue aprender a vivir sin él.

Encontrando sentido a la vida: ¿Es posible otra vez?

Acepté la nueva realidad de vivir con el alma rota, de sentir el vacío en el corazón, de recordar y saber que se ha perdido a un hijo. Uno de los retos más difíciles de afrontar. El sentimiento de pérdida viene acompañado de ira, dolor y tristeza que invaden el alma y nublan los pensamientos, parece imposible sentir el deseo de volver a reír. Sin embargo, la vida continúa, no se detiene, aunque nosotros quedemos anclados a ese momento que marcó nuestras vidas para siempre.

Quedamos allí y no queremos regresar al presente ni viajar al futuro porque no nos queremos enfrentar a ese desierto. Pero, la vida misma te obliga a regresar y luego de la peor manera.

Sabía que el camino era largo y difícil de transitar, pero en honor a ese ser tan maravilloso decidí recorrerlo, sin saber qué tiempo me tomaría, si podría seguir, sin importar cuantas veces caería en el camino y confiando en mis fortalezas de que iba a levantarme de nuevo. Cuando ya nada tenía sentido para seguir adelante, allí encontré a Dios y me dijo "todo estará bien" y yo le creí.

Empecé a levantarme confiada en que no estaba sola, de que había alguien más que sufría junto a mí y yo lo podía sentir.

Una noche tuve un sueño mientras dormía, en ese sueño el Señor me mostró que todos tenemos nuestra estrella con su año de regreso a Él, me mostraba años y estrellas como: estrella con el año de 2014, 2015, 2016 y el que tenía esa estrella, ese año le tocaba partir de regreso al Dios. Aquí empezó a calmarse la culpa que sentía porque mi hijo ahora es una estrella del año 2012.

Otra noche soñé con mi hijo y me dijo en sueños cómo pasaron las cosas en ese día de la tragedia, me contó que el cayó en el charco y que se le quedó un pie atascado y no lo pudo zafar, se quedó tranquilo a ver si lo llegaban a sacar, pero nadie lo socorrió y se ahogó.

Me habló de ese lugar indescriptible donde ahora estaba, también me dijo en ese sueño que yo debía seguir adelante porque él ya no me podía ayudarme de donde estaba. Luego desperté espantada, sobresaltada.

Desde ese día empecé a abrazar el dolor para poder continuar. La muerte de un hijo es una de las crisis existenciales más letales que los padres tienen que atravesar y es incomprensible para aquellos que no lo han atravesado.

Debemos salir del fondo del infierno y surgir en otro ser, porque no seremos los mismos jamás. Seremos mejores o peores personas, usted decide cuál camino tomar.

Recuerdo que mi desesperación me llevó a pensar en cosas horribles de las cuales, gracias a Dios, muchas se quedaron en pensamiento. Cuando empecé a aceptar que mi hijo no volvería más, cuando me perdoné a mí misma y a los demás, entonces volví a resurgir de las cenizas, y a ver la vida de otra manera. Volví a ver que mi vida no se terminó ahí, que, aunque se fue una parte de mí aquel día, tenía la oportunidad de hacer algo con esto que estaba experimentando. Ahora pensaba y pienso en cómo puedo ayudar a otros a través de mi experiencia.

Es importante hacernos conscientes de que no somos los únicos que estamos pasando por esto, que hay muchos padres, pero muchos más, que desgraciadamente están en el mismo camino.

Hay momentos en los que parece haber pasado mucho tiempo y otros en los que sentimos que apenas ha pasado muy poco tiempo. Cuando se ha llorado tanto y se ha sentido que el dolor casi te mata ahí descubres que el odio, el rencor, ya no caben más en tu corazón, y que solo el amor hacia a los tuyos es lo que te permite seguir de pie. Empieza a ver las cosas diferentes, tal como las veías antes, vive cada momento intensamente porque has hecho conciencia de que la muerte es inevitable y que en cualquier momento puede llegar.

Volver a vivir no significa que has dejado de llorar, ni que has olvidado a tu hijo. Por el contrario, ahora se ama más, se recuerda más, se valora más. No debes temer olvidarlo, nunca se olvida a quien que se ama tanto, menos si salió de tu vientre. Ese vínculo nunca puede romperse.

Lo que hace más difícil el proceso es que no solo afecta las emociones, sino todas las áreas de nuestras vidas, como el trabajo, relaciones interpersonales ya que nos da miedo acercarnos a personas y nos cuesta hacer lo que estábamos acostumbrados a hacer cotidianamente.

Enfrentando la tormentosa culpa

La culpa se siente diferente en cada persona. Yo, por ejemplo, por mucho tiempo me sentí responsable de la muerte de mi hijo, aun sabiendo que no lo era y sufrí mucho por esto. Empecé a batallar con la muerte como si tuviera control sobre ella para poder recuperar la vida que ella me arrebató, pero fui víctima de mi ignorancia e inocencia, pues ni yo ni nadie tiene el control sobre la muerte. Entonces, me frustraba y el dolor era inmenso.

Mi disgusto y amargura recaían sobre la creencia de que pude haberlo evitado, de que yo lo llevé a ese lugar a morirse. Eso siempre me lo repetía y aun hoy en ocasiones me llegan esos pensamientos dañinos, pero sé que la muerte es una realidad de la que nadie puede escapar, frente a la que no tenemos ningún poder, aceptando al final, que no podemos luchar contra algo que no se puede controlar.

Aunque muchas personas no me lo dijeron de frente, sí me cuestionaron esta muerte, cosa que me causó vergüenza porque sentí que había sido egoísta con muchas cosas como la crianza de mi hijo. Esto vino a agravar más mi culpa.

En muchas ocasiones, me sentí responsable de no haber protegido a mi hijo y su pérdida significó para mí un fracaso como madre, lo cual asumí con gran culpabilidad. Esto produjo mucha tensión y conflicto con mi pareja, porque me culpó de lo sucedido, y si se puede hablar de culpa, los dos éramos responsables de cuidar a nuestros hijos.

Quizás me llegará siempre esa sensación de culpa porque ese día fui yo quien lo invitó a ese lugar y es inevitable repetirme "si no lo hubiera llevado", "si no lo hubiera invitado nada de esto hubiera pasado". Es inevitable pensarlo, porque quizás es lo que me da alivio a tanto dolor.

Siempre me pregunto si le llegué a dar todo lo que necesitaba, o si él se sentía a gusto con los padres que tuvo.

También sentía culpa porque le quitaba mucho tiempo: pasaba más tiempo en el trabajo que con él. Cuestioné la forma de corregirlo, las veces que no lo dejé salir, pero, en ese momento, actuaba bajo la creencia de que era una madre responsable.

Llegué a pensar que tenía una maldición y debido a eso me sucedió esta desgracia. Cuando moría alguien cercano, solía pensar que también era mi culpa y que les había contagiado con mi maldad. Hasta llegué a alejarme de personas que quería mucho para que la supuesta desgracia no les alcanzara.

Sintiendo falta de empatía

Uno de los momentos más difíciles que viví, fue el día que volví a entrar a su habitación. ¡Dios mío! no hay palabras para explicarlo. Quizás muchos pensarán que mi momento más difícil pude haberlo vivido en el cementerio, cuando lo tuve que dejar allí. Pues no, porque yo me negaba a aceptar aquello tan funesto y cuando regresé del cementerio la negación era tan grande que creí que mi hijo iba a resucitar, que Dios me lo devolvería. Estuve tres días esperando que entrara por la puerta, pero nunca entró, y en ese momento toqué fondo. Hubo varios momentos que fueron devastadores: el momento en que tuve que sentarme a la mesa para comer por primera vez sin él, salir a comer a dónde íbamos juntos, ir a su colegio a recoger las notas... Luego, vinieron las fechas especiales como su cumpleaños, navidad, año nuevo, día de las madres.

Cuando mi segundo hijo me preguntaba si él iba a morir también y dónde estaba su hermano, cuándo regresaría, por qué murió, no encontraba palabras para responderle ni para describir lo que sentía.

Recuerdo que a los cuatros meses una señora de mi iglesia me preguntó cómo me sentía y yo empecé a llorar. De inmediato, me dijo:

— ¿Todavía tú estás en eso? ¡Ya son cuatro meses, muchacha!

La ira fue tan grande que ni le contesté. Solo me fui y no volví más a la iglesia. Me sentí acusada, como si estuviera haciendo algo malo. De esta forma la sociedad nos reprime el duelo. Por eso, hay duelos que se vuelven patológicos, porque en el ambiente o círculo en el que te desenvuelves no te permiten expresarte libremente.

En otra ocasión, una persona que también era cristiana me dijo:

— A Dios no le gusta eso. La Biblia da un tiempo para hacer el duelo y llorar a tus muertos.

Aquí se me complicó todo aún más, porque yo también era de la iglesia evangélica cristiana, y si Dios se enojaba conmigo y yo tenía que reprimir mi dolor, eso me iba a traer graves consecuencias. La suerte era que yo sabía que Dios estaba y está conmigo consolándome, aunque no lo pueda ver. Sabía que era el único que me comprendía, porque era el único que sabía con certeza cómo estaba mi corazón.

Ahora tenía que lidiar con el enojo que sentía contra Dios y las acusaciones de la sociedad.

Palabras que te hieren

Mi alma se desangraba. ¿Por qué me dejaste? ¿Por qué te me adelantaste?

Yo sé que un día encontraré mi camino y tal vez las respuestas que necesito ahora, sin tener que escuchar todos los días las expresiones:

- Sigue adelante.

- No te deprimas.

- La vida es así.

- Te pasó a ti porque eres fuerte, y por eso te admiro.

- Puedes tener otros hijos, eres joven.

- Lo bueno es que tienes más hijos.

- Por algo pasó.

- Ya es tiempo de que lo aceptes y vuelvas a la vida normal.

- Tienes que resignarte.

- Tienes que conformarte.

- Hay que poner los pies sobre la tierra.

- Tienes que ser fuerte.

- No te dejes derrumbar.

Y yo digo: perder un hijo es morir en vida.

Después de la muerte de un hijo hay un antes y un después porque ya nada, nada, es ni será igual. Llega un momento en la vida que solo queda llorar en silencio. No existe dolor más grande, es un huracán que pasa por tu vida, arrasa con todo dejándote vacía, sin vida.

Impacto en mi matrimonio

Yo puedo decir que la muerte de mi hijo ha sido una de las experiencias más difíciles, dolorosas y duras que me ha tocado vivir.

Pienso que cada pareja o padre lleva su duelo como puede. Quizás uno de los padres piense que el otro no está sufriendo lo suficiente. Lo digo porque me pasó a mí. Llegué a pensar que como mi hijo no era hijo de mi esposo, no le afectaba tanto y quizás no era así. Yo también culpé a mi esposo, lo responsabilicé de lo que había pasado. Esto me llenó de odio y de ira por un largo tiempo, causando muchos problemas en la relación. Siempre intentamos calmar la ira buscando un culpable. Era un mecanismo de defensa para poder aguantar tanto dolor y tanta tristeza.

Nada era igual. Dejé de dormir con mi esposo por un largo tiempo. Cuando él me buscaba, y teníamos relaciones sexuales, la culpa, la desdicha era tan grande que cuando terminábamos, me iba en llanto. Esto duró por mucho tiempo, aún recuerdo esa sensación de amargura. Creía que ya no merecía nada o que no tenía derecho a sentir placer. Cuando empezó esta desgracia, me centré única y exclusivamente en mi propio dolor, porque era tan intenso que no dejaba espacio para comprender el dolor de los demás.

Mi relación de pareja se desestabilizó tras la muerte de mi hijo, pero seguimos luchando para que no se rompiera el matrimonio, esto porque cosas que habían pasado han venido a relucir en el presente, quizás cosas no tan importantes, pero uno ahora después de la tragedia lo ve gigante. Cosas como: mi esposo nunca nos acompañaba en nuestros viajes porque no dejaba a sus padres solos, pasaba más tiempo en casa de sus padres que conmigo, por lo que dedicarnos tiempo de calidad no era su prioridad.

La falta de entendimiento y comprensión me hacían sentir sola y me alejaban. Me refugiaba en mi propio dolor. Entonces, volcaba la culpa hacia mí y hacia los demás, aunque sabía que esa culpa era un mecanismo de defensa para no enfrentar mi situación. Era inevitable no sentirla. Culpabilizar al otro no es más que un mecanismo de defensa inconsciente con el que tratamos de aliviar nuestro dolor interior.

Mi esposo es una persona muy reservada. Cuando quería mencionarle algo acerca de cómo me sentía, fruncía las cejas y eso me paralizaba, porque sentía que no le interesaba hablar de eso. Quizás lo hacía porque pensaba que me causaría más dolor hablar de ese tema, pero no, no causa más dolor, eso es un tabú, necesitamos hablar y conversar de nuestro ser querido que se ha ido, y de lo mucho que cuesta aceptar tal realidad. La manera en la que cada pareja responde a la muerte de un hijo puede ser tan distinta que hasta eso nos causa daño. Debemos tenerlo presente y reconocerlo para que el matrimonio no se destruya.

Por más grande que sea el dolor, tenemos que estar dispuestos a compartirlo, hablar con nuestra pareja de cómo nos sentimos.

Es una manera de abrir nuestro corazón. Esto nos traerá un poco de alivio, porque nos vamos a sentir apoyados y que no estamos solos en este proceso. Yo diría que debemos fomentar la comunicación en estos casos, es fundamental para no perder la esencia que une al matrimonio.

En esos momentos, si no se puede solos, se debe buscar ayuda porque no se está en condiciones de resolver conflictos, ni se recomienda tomar decisiones que luego se puedan lamentar.

Hay parejas que tras la pérdida de un hijo se unen más, mientras que otras se destruyen. Esto va a depender de la cultura de cada uno, de las relaciones y vínculos que tenían. Si un matrimonio no iba bien, pues con esta situación se agravará la situación, quizás al punto de romper con la relación. Sé que a los hombres les cuesta más expresar sus sentimientos.

Llorar, admitir que se encuentran mal y que posiblemente necesitan ayuda, porque en muchos casos fueron criados bajo el estigma del sexo fuerte y asumen con vergüenza estos actos de humanidad, ya que los asocian con debilidad. Piensan que si los ven llorando son débiles, pero el llorar es algo tan natural y que nos hace tanto bien. Es la expresión de cuando las palabras no son suficientes para explicar lo que sentimos en ese momento.

El dolor de la familia

Cuando muere un adolescente, la pena, la culpa, la ansiedad, la depresión, resultan más intensas y se corre el riesgo de un duelo patológico.

Una sensación de cruel injusticia y de impotencia hace que la familia le pierda el interés a las cosas que solían hacer y de manera individual se suele perder el sentido a la vida.

Es un duelo muy duro de superar y cada miembro de la familia lo lleva como puede. Muchas veces puede haber conflictos porque uno de los miembros puede pensar que el otro no está sufriendo o que no le importó la muerte del ser querido, pero simplemente está tratando de sobrellevar su dolor, de la mejor manera o como puede con las herramientas que tiene.

La comunicación se ve muy afectada, nadie quiere hablar del tema ya que se piensa que con esto puede causar más dolor a su familia.

La muerte de un hijo te quiebra, te obliga a reorganizar todo el sistema familiar, te escudriña todo lo que hay en tu vida sin resolver, y a este duelo tan duro se le agregan esos duelos acumulados desde la infancia. Y te preguntas en qué momento guardé tantas cosas, tanto resentimiento, y cómo pudiste vivir todo ese tiempo con esa carga emocional tan pesada.

El duelo te obliga también a sanar estas heridas y llega un momento que ya no sabes por qué estás en esas condiciones, ni por qué estás en duelo. No sabes si estás llorando por la muerte de tu hijo o por otro duelo sin resolver. Es una batalla campal agotadora y que con el tiempo te deteriora debido a tantas emociones juntas.

No entendemos lo que está pasando. Se supone que los padres deben morir primero, pero la ley de la vida es: si estás vivo un día puedes morir sin distinción de edad. Sin embargo, cuando se trata de la muerte de un hijo, es difícil de reconocer esta gran verdad.

Esta muerte te hace sentir una madre fracasada ya que se supone que tenías que protegerlo de cualquier peligro. Sientes que has fracasado como madre y que no mereces vivir.

A este duelo, también se le agrega el duelo por la pérdida de las metas en conjunto, lo que estaba en proyecto, lo que estaba casi terminado. Estas pérdidas, que, también se van con el fallecido, se viven de manera desgarradora.

La niña en ese entonces solo tenía tres meses de nacida, lo manifestaba con llanto e inquietud. Ya no escuchaba esa voz dulce que llegaba a la una de la tarde de la escuela a hablarle y darle cariño.

El segundo niño tenía siete años; se acordaba de todo lo vivido con su hermano. Esto lo impresionó tanto que cuando veía a alguien que conocía o un familiar solo lo abrazaba y lloraba. A cuatro años de su partida, ya se muestra más exigente, demanda más atención, quizás sea su forma de expresar su dolor, de querer decir aún lo extraño y no quiero morir, ni que muera alguien más de ustedes.

Me daba temor mencionarle a su hermano porque enseguida me decía:

— ¿Por qué lo mencionas? Yo estoy aquí y soy también tu hijo.

Esta respuesta me ponía entre la espada y la pared porque emocionalmente me sentía retraída, discapacitada para mostrarle lo que sentía por uno y por el otro. O quizás solo me daba miedo de que no me entendiera o que me rechazara. Es una situación muy difícil porque él no estaba más físicamente, pero había pasado a estar más presente que nunca.

CAPÍTULO 3

LA DECISIÓN DE SUPERAR LA PÉRDIDA

Sentir un día a la vez

Hay que tener claro que el duelo es un proceso y que cada uno lo lleva como puede, porque somos diferentes. El dolor y la tristeza pueden durar mucho tiempo y eso es normal. Las personas que nos rodean piensan que ya a los 3 meses o al año debemos estar bien, pero yo pienso que eso va a depender de qué tipo de duelo estés afrontando, de la persona y las herramientas con las que contamos.

Por ejemplo, cuando se habla de la muerte de un hijo no se puede pretender estar bien en tres meses, ni en un año, debemos tener paciencia y no adelantarnos al proceso porque eso nos puede traer más problemas.

Se trata de caminar día a día, un paso a la vez sin precipitarnos. Podemos sentirnos bien hoy, y mañana no. Este camino es así, por eso es tan difícil de atravesarlo. Durante el primer año caminando sin esa persona, debemos volver a nuestra rutina diaria y esto no quiere decir que el dolor haya desaparecido, quizás el dolor sea más fuerte porque estamos más conectados a la realidad de que esa persona no va a volver.

Es un proceso intenso de mucha ansiedad, angustia, tristeza y hasta depresión. El cuerpo empieza a batallar para poder sanar, es un proceso que agota tanto física como emocionalmente y si te descuidas te enfermas. En este proceso se pasa por una serie de fases muy intensas, más intensas de lo que describen los libros. Así lo sentí.

A continuación, mencionare algunos aspectos que aprendí en mi proceso de duelo:

La prisa en el duelo. El duelo es un proceso de curación de las heridas y el dolor que ha dejado la ausencia del ser querido, por lo que debemos aceptar cada emoción, darle su tiempo.

No debemos tener prisas en querer que el duelo termine, ni en deshacerse de sus pertenencias muy rápido porque esto lo que hace es complicar y detener un proceso que es natural para poder adaptarnos sin esa persona que ya no está y así reconstruir un corazón roto.

Curar y sanar. No significa olvidar a nuestro ser amado, significa que ya puedes coger tu vida y seguir adelante con todo lo que conlleva este camino, significa que ya puedes retomar tu vida casi como antes. Ya has aprendido a lidiar con el dolor y acotejarlo en un lado en tu corazón, que eres tú quien debe entender a la gente, y no la gente a ti, porque ellos nunca van a entender por lo que estás pasando.

Ya aprendiste a no enojarte cuando la gente te dice, "ahora es un ángel que te cuida" (pero tú no quieres un ángel, quieres a tu hijo contigo), "era su tiempo", o "ya no llores, que no lo dejas descansar", etc. Solo escuchas y dices dentro de ti: "no sabes lo que dices".

Hemos reconocido que perdimos la guerra y que debemos reconstruirnos, lo que llevará tiempo. Se va reduciendo la negación a la muerte y empiezas a planear el futuro nuevamente. Vuelves a sonreír, a comer y a dormir mejor. La memoria también mejora, ya no se te olvidan tanto las cosas.

Recuerdo que en los primeros días de duelo no podía dar la espalda si dejaba algo en la estufa porque se quemaba. No me acordaba jamás que tenía algo puesto en la estufa. Esto me causaba angustia porque temía quemar la casa y opté por no moverme hasta que terminara de cocinar. Ya vives más en el presente.

Comienza una búsqueda de significado para la nueva vida. Aquí en este nivel perdonamos y asumimos nuevos roles, aceptamos que el pasado debe quedar atrás, que debemos renovar nuestras vidas. Nos sentimos con más energía para hacer las cosas, emprendemos nuevos proyectos.

Otros hablan de duelo superado o resuelto. Podemos decir que hemos resuelto el duelo cuando somos capaces de recordar al fallecido sin sentir dolor, cuando hemos aprendido a vivir sin él o ella, cuando hemos dejado de vivir en el pasado y podemos invertir de nuevo toda nuestra energía en la vida y en nuestro entorno.

Hace 7 años de la pérdida de mi hijo y aún tengo días como el primer día, pero eso no quiere decir que no he aceptado, que no he avanzado, solo que aún lo extraño como el primer día desde su partida.

La necesaria terapia

Cuando estás pasando un proceso de duelo de esta magnitud te das cuenta como la gente lo tiene todo para ser feliz, y no lo es porque siempre quieren tener todo controlado, siempre buscando cosas que no son necesarias, no son felices con lo que tienen, siempre quieren más, compran más. No se enfocan en lo más importante de la vida por ejemplo dedicarle tiempo a su familia, compartir en familia, expresar el amor y la gratitud cada día.

En este proceso te duele todo el cuerpo; te duele el alma. Cada día se convierte en una lucha para levantarte de la cama porque en el único lugar que te sientes bien es acostada. Ahora entiendo más a las personas con depresión, porque solo quieren estar aisladas. Te duele y te cuesta hasta respirar, con el tiempo es más llevadero, te cuesta vivir, pero el dolor nunca te abandona.

Duele el pasado, duele el presente y el futuro de esa persona. Duele que se haya ido tan joven, te da vergüenza porque la sociedad perdió un ente que podía ser de mucha productividad. Duele lo que quedó pendiente.

Duele todo lo que extrañas. Duele su olor, su sonrisa, su voz, nuestras peleas, parte de mi historia, sus proyectos, lo que se dijo, lo que no se dijo, el rol de ser madre. No hay nada que se pueda hacer para aliviar el dolor, pero si está en mis manos ayudar a otra madre o familia que sufre lo haría. El corazón no está preparado para separarse de un hijo de esta manera.

Hasta en un día hermoso y con un sol radiante te sientes metido dentro de un túnel negro en el cual no penetra la luz. Si te resistes a sentir todo ese huracán de emociones, entonces somatizas y el duelo se complica.

El duelo por la muerte de un hijo tiene mal pronóstico. Casi siempre se puede complicar con una depresión clínica, o con fobias como me pasó a mí, que experimenté grandes fobias desagradables y que paralizaban mi avance en este transitar del camino del duelo.

Por más dolor que se experimente y con las ganas de dejar de existir debemos cuidarnos y buscar ayuda de ser necesario, con un psicólogo especialista en el tema, un pastor, un sacerdote o con quien usted se sienta más en confianza.

Cuando estaba en ese túnel negro, mi mente solo pensaba que era imposible salir de ahí, que no sobreviviría a tanta tempestad, ni a ese huracán. Hay días en los que llegaba a pensar que es mejor morir antes que aguantar tanto dolor y pasar este desierto, que quizás muerta conseguiría la paz que tanto necesitaba.

Cuando estaba en este momento solo me sentía bien cuando estaba sola conmigo misma, cuando alguien me iba a visitar no quería verlos, si alguien me llamaba no quería hablar, esto a la gente le molestaba, no entendían que era parte de mi proceso de duelo. Empezaban a especular que yo posiblemente estaba depresiva.

Les agradezco a algunas personas que estuvieron pendientes de mí y se preocupaban por mi estado de ánimo. Cuando pasa esto en un proceso de duelo simplemente el cuerpo entra en una batalla y empieza a hacerle frente a la situación. Es como si peleo o salgo huyendo, es esa supervivencia innata que heredamos desde nuestros ancestros.

En mis encuentros terapéuticos conocí que el duelo tenía una regla para empezar la terapia, claro como todo hay que poner orden y estoy de acuerdo

La primera regla en terapia de duelo que me puso la terapeuta en la primera visita fue: él está muerto y ya no va a volver. No estoy de acuerdo con esta regla, es como victimizarnos de nuevo. Nosotros los que estamos en duelo solo necesitamos que nos escuchen no que nos digan lo que ya sabemos.

Solo aquel que ha pasado esta situación sabe descifrar o ver la estela de tristeza que se deja al pasar.

Todos piensan que la tristeza ya pasó, que uno ya está mejor, pero la verdad es que la tristeza te sigue como la sombra, sin despegarse de ti con sol o sin sol. La sombra ahí está, no se va, se queda hasta el final de nuestros días.

Quiero gritarle al mundo cuánto te extraño, que estoy harta de hacerme la fuerte.

Las enseñanzas de mi gran pérdida

Aquí te das cuenta de lo que es importante en la vida o en tu vida. Ves el mundo de otra manera y la vida a pesar del dolor cobra más valor; aprendes a valorar las pequeñas cosas, a ver los árboles más verdes. Te das cuenta de que el dinero, un trabajo, un viaje... no tienen tanta importancia como la familia.

Te das cuenta de que el día es hoy para decirle a tu ser querido lo importante que es para ti, que el día es hoy para ayudar al que está sufriendo y necesitado. Que hoy estás aquí, pero el mañana es incierto. Que no debo irme sin despedirme de mis hijos, ni de mi esposo, porque no sé si voy a regresar. De vivir el día de hoy amando intensamente a mis seres queridos.

También, que no tengo el control de nada y lo que no puedo controlar debo soltarlo. Lo importante son los momentos que pasen juntos, no lo que les regalas o les compras. Sacar tiempo para conversar con ellos, un día de playa juntos, dejar buscar culpables porque no los hay. Eso solo nos trae más ira y amargura y hace que tardemos más en recuperarnos. A dar gracias a Dios por permitirme un nuevo día y por todo lo que aún me queda.

Aprender a perdonar para estar en paz conmigo misma. Saber que no tenemos nada y que vinimos aquí por un tiempo y el regreso no lo sabemos. A estar preparada cada día como si ese fuera el día de volver de donde vine, porque la muerte no tiene raza ni bandera.

Si analizamos nuestro existir desde que nacemos, cada día es uno menos de vida porque nos acercamos más a la muerte sin darnos cuenta, lo que pasa con esto es que guardamos este tema de que un día vamos a morir en lo más profundo de nuestro ser de donde nadie quiere sacarlo y mucho menos hablar de la muerte porque nos recuerda lo peor y quizás mejor así para poder vivir en paz lo que nos queda de vida. Es lo que ha convertido la muerte en un tabú, este miedo a lo desconocido.

Su ausencia me ha enseñado que el tiempo no es exacto, ni perfecto, que el hacer es hoy, que nadie sabe si el mañana será como lo piensa o lo desea, que la vida es una caja de sorpresas.

Aprendí a quererme más, a dedicarme más tiempo, a aceptarme tal y como soy. A estar sola conmigo misma y ver la soledad como mi mejor compañía. A vivir cada minuto de mi vida como que si no se repetirá jamás. A restar importancia a las críticas de los demás, los demás ni se imaginan lo que llevo dentro porque basan su crítica en lo externo.

Aprendí lo egoístas que somos como seres humanos. A no dar explicaciones porque siento que pierdo mi tiempo. Que cada momento en la vida es una oportunidad y solo tú sabes qué vas a hacer con ella. Que la persona que más me ama y que debe de amarme y admirarme soy yo misma. A estar en paz aun en medio de la tormenta.

Aprendí que desde que naces vas muriendo y perdiendo cosas, una más importantes que otras. Aprendí que Dios te manda equipado a este mundo y que en ese equipaje está la fuerza para sobrevivir, por lo tanto, descubrí que tenía una fuerza interior que no conocía.

Busca esa fuerza en tu interior para salir adelante. Por más grande que sean tus problemas, esa fuerza es más grande porque viene de Dios.

Herramientas en mi proceso de sanación

Lo primero, es que me aferré a Dios con todas mis fuerzas esto me ayudo a ir viendo las cosas con más paciencia y paz, busque refugio en la oración y me di cuenta que cuando oras te llega esa paz que es indescriptible en medio de tanta angustia (sé que nos enojamos con Dios: es normal enojarse con Dios en este proceso y no debe verse como algo malo, esta relación se vuelve a establecer con el tiempo y con más fuerza).

En los primeros meses, mi segundo hijo me aterrizaba de donde me encontraba metida. Me aislaba en mis propios pensamientos y así podía pasar el día entero y no regresaba si no me llamaban. Mi mente divagaba, los pensamientos eran muy rápidos, me llamaban y no escuchaba, era como si mi cuerpo estuviera presente pero mi mente no, mi mente andaba en otro lugar, pensando en Adonay o preguntándome cómo estaba en el cielo, porque para mí estaba en ese lugar. Quería quedarme en el pasado donde él aún estaba presente, por eso mi mente también estaba en el pasado.

Mi segundo retoño me decía "mami ¿qué tienes? mira aquí". Porque él se daba cuenta de que algo no estaba bien conmigo, y quizás sentía miedo de perderme a mí también como perdió su hermano mayor. Un día me dijo:

— Mami, pero yo soy tu hijo también. ¿Es que a mí tú no me quieres?

Eso me partió el alma y pensé que no era justo, que tenía que levantarme.

Algo que me ha ayudado a salir adelante es pensar que algún día lo volveré a ver, que nos reencontraremos algún día cuando se termine mi misión aquí en la tierra. El no quiso morirse, solo pasó, le llegó su tiempo como a todos nos llegará. Además, el hecho de darme cuenta o hacer conciencia de que no soy la única que está pasando por esto, que hay miles de padres y madres que están sufriendo por lo mismo.

Ahora tengo la actitud de seguir y estoy dispuesta a enfrentar mis miedos. En ocasiones no enfrentamos nuestros miedos por temor a fracasar, pero si no lo hacemos por temor, quedaríamos paralizados y nunca lo superaríamos. El miedo se enfrenta para poderlo superar, aunque las sensaciones no nos gusten y sean incómodas, porque eso es lo que evitamos: las sensaciones incómodas que provoca el exponernos vulnerables.

Otras decisiones que me ayudaron fueron:

- Aceptar las emociones. Saber que posiblemente hoy estarás en lo más profundo del fondo y que mañana estarás mejor, es liberador.

- Hablar con alguien de confianza como un amigo, psicólogo, o especialista acerca de cómo nos sentimos, en especial cuando no se pueda ver más allá de ese túnel negro.

- Llorar cuando sentía la necesidad de hacerlo, buscar ese encuentro y ese cuidado contigo misma. Yo esperaba la hora de irme a caminar o cuando estaba bañándome, allí tenía la oportunidad y el espacio para hablar sola y llorar.

- El aferrarme con todas mis fuerzas a lo que aún me quedaba y que era lo más importante para mí, mi familia.

- Conocer a otros padres y madres que estaban pasando por el mismo dolor y transitando el mismo camino, con quienes podía conversar y expresarles lo que quisiera sin ser juzgada.

Muchas veces me asustaba la intensidad del dolor y la ira. Cuando me sentía así escribía y leía; eso me calmaba, podía pasar horas leyendo o escribiendo, luego rompía lo que escribía. Algunos escritos los conservé como los que están en el diario que llevé. También, escribía o aún escribo en un grupo de apoyo que formamos en Facebook para padres y madres que enfrentan la muerte de un hijo.

Ahí podía expresar con confianza todo lo que sentía porque ellos me entendían y me contenían cuando entraba en estas crisis, oraba a Dios para que me diera control y paz, me iba a caminar y correr, escuchaba música y terminaba llorando, al llorar me desahogaba y me relajaba. También reflexionaba que yo no era la única y que había muchos padres y madres que estaban en la misma situación que yo.

Llamaba a una amiga o le escribía y le decía como me sentía, pero esta amiga me preguntaba que por qué estaba así y decidí no llamarla más ya que ella sabía de mi situación.

Hablaba con Adonay y le contaba cómo me sentía (sin que nadie me viera). Hacía respiración de relajación y me tomaba un té de tila, valeriana o de manzanilla.

Me reconfortaba saber que no estaba sola, y que podía contar con personas solidarias dispuestas a escucharme, como las del grupo de Facebook.

Algunas personas van casi todos los días al cementerio y eso está bien. El primer año yo iba todos los domingos, luego, decidí no volver, porque el hecho de pensar que mi hijo estaba metido ahí volviéndose polvo me hacía enloquecer. Preferí pensar que su alma y su espíritu estaban con Dios, que el cuerpo era solo un mecanismo para poder desenvolverse aquí en la tierra.

Quizás es un mecanismo de defensa que usé para un corazón desesperado, pero me funcionó. Si a usted le funciona ir todos los días, vaya.

Sabemos que la muerte de un hijo es una cicatriz que deja una huella imborrable en tu corazón y que solo se podrá borrar el día en que mueras.

Adonay dejó un gran vacío que nada, ni nadie podrá llenar, pero sí podemos dar amor al que necesita y de esta manera poder aliviar nuestro corazón.

A 7 años de su partida, si te digo que el dolor desapareció, te estaría diciendo una mentira. Solo está dormido en un lugar dentro de mi corazón, del cual puede salir y entrar en cualquier momento, pero no me impide vivir. Estoy en paz.

SEGUNDA PARTE

ENTENDIENDO EL DUELO

Afrontamiento del duelo por la muerte de un hijo

A continuación, definiré algunos conceptos relacionados al proceso de duelo que quizás muchas veces no lo tenemos claro y si los conocemos, la situación es más llevadera. Primero se da la pérdida y luego empieza el proceso de duelo.

Pérdida. Es cualquier ausencia de algo con lo que habíamos establecido un vínculo emocional. Como la pérdida de la niñez, de una mascota, un carro, de la juventud, el trabajo, un miembro de su cuerpo, etc.

Dependiendo la magnitud de la perdida, va a reaccionar la persona. No es lo mismo perder una amiga íntima, que perder a su esposo, hermano, etc. Pero cuando la pérdida que sufrimos es por la muerte de un hijo, esto puede provocar un profundo y destructivo duelo del cual es muy difícil de salir. Casi siempre necesitamos el apoyo de familiares y amigos, así como de un especialista en el área.

La muerte de un hijo nos obliga a enfrentarnos a aquello que tanto tememos, al monstruo de la muerte, tema que por naturaleza negamos y evitamos hablar de ello.

Debemos hacer frente al duelo conforme como se vaya presentando. Para podernos sentir mejor recurrimos a distracciones, nos ocupamos todo el tiempo y hacemos cosas que nos hacen sentir bien y nos relaja. Esto nos va ayudando a hacer frente a esta cruda realidad.

El duelo como esencia, nos obliga por medio de la muerte, a enfrentarnos a una realidad que es rechazada por naturaleza.

Cuando muere un hijo o alguien que amamos a mucho, es como imponernos la muerte, el dolor que sentimos se nos agudiza y se nos impone adaptarnos a mundo interno y externo diferente. para el que está pasando este duelo. Todos quieren que estemos bien, no quieren que lloremos, se molestan si nos ven tirados en una cama, nos obligan a comer, nos quieren obligar a salir.

Nos apegamos a lo externo más que nunca porque es con lo único presencial que contamos o nos queda y esto le da paz a lo interno. Lo externo sigue en marcha sin parar, lo interno se ha paralizado.

No entendemos por qué la vida sigue si nos sentimos internamente paralizados. Y aquí es donde se da el llorar y crujir de dientes como dice la biblia. Aquí es la batalla de adaptación a la perdida. Se da la batalla tanto interna como externa. Lo interno cuestiona lo externo y lo externo cuestiona lo interno. Afectando su identidad, amor propio y su desempeño personal creemos tener control de lo sucedido, tenemos entonces una sensación de pérdida de uno mismo.

Muchas veces queremos enmascarar el dolor con comportamientos dañinos, como es el alcohol, sustancias prohibidas, fumar, tomar fármacos, entre otras. Esto lo que hace es agravar más la situación y detener el proceso normal de duelo.

A continuación, hago referencia al duelo complicado o patológico para tener una idea de los diferentes tipos de duelo y así pueda identificar a tiempo si está pasando por alguno de ellos y buscar ayuda rápidamente.

TIPOS DE DUELO

Duelo patológico

Harowitz (1980), citado por Vanesa Vedia (2016), define el duelo complicado o patológico como "aquel cuya intensificación llega al nivel en que la persona está desbordada, recurre a conductas desadaptativas, o permanece inacabablemente en este estado sin avanzar en el proceso de duelo hacia su resolución" (Vanesa Vedia domingo, 2016: pág.13).

Los autores que han investigado sobre el duelo patológico lo han definido en cuatro apartados que mencionaremos a continuación:

- **Duelo Crónico.** Este tiene una duración excesiva. Las personas nunca logran llegar a una conclusión satisfactoria. Estas personas reconocen que no logran superar el duelo.

- **Duelo retrasado.** También le llaman duelo inhibido. La persona reacciona de manera emocional inadecuada en el momento de la pérdida. Esto quizás se deba a que no cuenta con una red de apoyo adecuada. Son personas que se hacen las fuertes y no se permiten caer, ya sea para complacer a otros, o más bien para evitar sentirse abrumado por otras perdidas sin resolver. Estas personas suelen presentar su duelo más adelante ya sea con la muerte de otro familiar o cualquier otra pérdida y los síntomas se hacen más intensos con respecto a la perdida.

- **Duelo exagerado.** La intensificación es la de un duelo normal. El doliente se siente desbordado y recurre a conductas desadaptativas. La persona está consciente de que su malestar está relacionado con la pérdida. Aquí suelen aparecer trastornos psiquiátricos de importancia que pueden estar relacionados con el acontecimiento como son: depresión clínica, trastorno de ansiedad con ataques de pánico, conductas fóbicas, el abuso de alcohol, uso de drogas ilegales y el trastorno de estrés postraumático.

- **Duelo enmascarado.** Estas personas van a experimentar síntomas tanto físicos como psicológicos y se reflejan en la somatización. Así como en conductas desadaptativas como depresión inexplicable, hiperactividad.

Es bueno conocer los siguientes predictores del duelo para saber qué tan vulnerables somos de padecer un duelo complicado. A continuación, enumero algunas características que pueden presentarse a la hora de enfrentarnos a un duelo intenso.

Predictores de un duelo patológico

Miguel y López (2007), han estudiado los siguientes predictores de riesgo que permiten identificar a las personas en riesgo de sufrir un duelo complicado y prevenirlo a través de intervención y apoyo para evitar caer en un duelo no resuelto.

- **Nivel personal.** Va a depender de la edad o juventud del doliente, si padece algún trastorno psiquiátrico como depresión, trastorno de ansiedad, trastorno de personalidad, duelos anteriores no resueltos, hacerse el fuerte ante la pérdida, abuso de sustancias ilegales o legales como el alcohol y drogas.

- **Relacionales.** Si es un hijo, esposo, esposa, padre o madre en edad temprana, hermano en la adolescencia, si la relación era conflictiva no expresada.

- **Circunstanciales.** Juventud del fallecido, muerte súbita, por accidente, homicidio, suicidio, desaparecido, pérdidas múltiples, no recuperación del cadáver, imposibilidad de ver el cuerpo.

- **Sociales.** Personas que viven solos, ausencia de red de apoyo tanto familiar como social, no poder expresarse socialmente de la pérdida, tipo de proyecto vital interrumpido (Vanesa Vedia Domingo: 2016: p13-16).

Diferencia entre duelo normal y duelo patológico según Vanesa Vedia Domingo, 2016.

DUELO NORMAL	DUELO PATOLÓGICO
A) Momento de aparición A los pocos días del fallecimiento	Semanas o meses después (duelo retrasado) No aparición del duelo (negación del duelo)
B) Intensidad Incapacitante durante días	Incapacitante durante semanas
C) Características Negar aspectos de la muerte: circunstancias, características del fallecido (idealización)	Negar la muerte del fallecido, creer que vive
Identificarse con el fallecido (Imitando rasgos, atesorando pertenencias)	Creer que es el fallecido

Oír la voz, ver u oler al fallecido de forma efímera y momentánea Reconocer que no es real	Alucinaciones complejas y estructuradas.
Padecer síntomas somáticos similares a los que causaron la muerte del difunto (identificación)	Creer que se va a morir de la misma enfermedad
	Acudir constantemente al médico por esa misma causa
Desarrollar conductas en relación con el muerto culturalmente aceptable (luto temporal)	Establecer conductas anormales (conservar cenizas, poner altares, visitar el cementerio diariamente después de un tiempo prudente)
Ideas suicidas poco frecuentes	Ideas suicidas frecuentemente
La culpa se relaciona con la forma de cómo fue tratado el muerto	La culpa se generaliza
Recupera la confianza y vuelve a relacionarse con los demás	Su confianza y relaciones sociales se ven afectadas
No es necesaria la medicación	Debe ser evaluado por un psiquiatra para una posible medicación

5 fases de duelo en padres que han perdido hijos

Para muchos investigadores, un año basta para la resolución del duelo o para curar y cicatrizar. Algunos proponen que si el proceso de duelo sigue su curso normal se puede anticipar el tiempo que puede durar el proceso del duelo y si se puede volver patológico.

En tiempo atrás, se hablaba de etapas del proceso de duelo. Hoy se habla de fases porque el duelo no es estático, es dinámico, o sea, que las emociones se mantienen en movimiento, fluyen, no se queda una hasta que se supere, sino que se puede dar más de una a la vez y pueden fluctuar durante todo este proceso.

Se sabe que las emociones no son ni buenas ni malas, en este caso, representan una forma de adaptarnos a la situación tan estresante por la que estamos afrontando.

A continuación, describo estas cinco fases según la Dra. Elizabeth Kúbler Ross. Y David Kessler (2004).

Estas fases antes solo se usaban para describir a las personas con enfermedad terminal, pero hoy en día se ha extendido y modificado al proceso del duelo por la muerte de un ser querido.

Primera fase: La negación

Se estima que esta fase puede durar desde el fallecimiento hasta ocho semanas después.

Al principio creemos que es un sueño, vemos al mundo como absurdo y opresivo. Percibimos la vida sin sentido, pues para quien lo vive no tiene sentido lo que está pasando.

Si la muerte fue inesperada y repentina como en mi caso, la angustia, la depresión y la ansiedad se pueden volver patológicas. Desde que te enteras de la noticia sientes que algo se rompió en ti, desde ese instante sientes que no eres tú.

Recuerdo que no tenía fuerzas y no quería hacer ningún ritual, algunas personas como los católicos hacen lo que se llama 9 días, en esos 9 días hacen todos los días una hora santa. Yo como evangélica cristiana hice un culto de despedida para honrar la memoria de mi hijo. Siempre se hace durante los 9 días y a mí me costó un mes poder hacer el culto porque solo quería estar conmigo misma.

Estos sentimientos que se dan en cada fase del duelo, nos ayudan a afrontar la tragedia y a sobrevivir a ella. Con la negación encontramos alivio, y nos deja entrar únicamente lo que somos capaces de soportar, protege la psique de tantas emociones juntas. No somos capaces de creer lo que ha sucedido y no podemos porque nos excedemos y sería abrumador.

Según vamos entrando a la realidad, nos damos cuenta de que esa persona ya no va a entrar más por esa puerta, no va a estar más sentado en la mesa, ya no habrá más peleas por regueros o desorden, ya no hablarás más con él por teléfono, no habrá buenas noches, ni buenos días. Todos los días tenemos pensamientos que nos hacen experimentar la sensación de que nuestra vida y familia se destruyó (aún hoy día llegan esos pensamientos).

En esta fase se puede alterar el patrón de sueño y la alimentación. Se pueden presentar pesadillas y esto ocasiona despertarse en sobresalto en medio de la noche y quizás ya no se pueda volver a conciliar el sueño. Otros pueden dormir de más, debido al agotamiento físico, mental y emocional que se sienten al lidiar con tantas emociones juntas.

En cuanto a la alimentación, algunas personas tienden a comer de más, quizás es una forma inconsciente de llenar el vacío emocional que se siente. Otras no pueden ni beber agua, dejan de comer por días y aunque es preocupante, en esta fase no se debe obligar a la persona a comer porque es parte de la adaptación a la nueva realidad. Pero, si este comportamiento persiste durante mucho tiempo es recomendable buscar ayuda.

Personalmente, en esta fase hubo muchos días en los que no podía comer y solo ingería líquidos. No podía dormir y el agotamiento me disparó la presión arterial, por lo que fui a parar al cardiólogo. Recuerdo que el solo hecho de pensar en el momento de sentarme en la mesa a comer sin mi hijo, me destruía por dentro.

Aquí se cuestiona la realidad con preguntas como: ¿Es cierto lo que está pasando? ¿Me está pasando realmente a mí? ¿Cómo es posible que no lo vea más? ¿Cómo voy a soportar esto?

Segunda fase: La ira

Sentimos ira por no haber cuidado mejor a nuestro ser querido o porque él no se cuidó lo suficiente. También porque debimos ver lo que podía pasar o el peligro que se acercaba. Si fue por enfermedad nos enfadamos con los médicos por su incapacidad de poder salvarle la vida.

Nos enfadamos con el fallecido por haberse ido y dejarnos solos. Se siente ira por tener que seguir viviendo en un mundo donde ya no está ese ser amado.

En esta fase, somos más propensos a enfermarnos ya que nuestro sistema inmunológico baja y estamos más vulnerables. Yo enfermé de gastritis y ulcera debido al estrés que me causó la perdida de mi hijo, al punto de llegar al quirófano. Mi presión arterial sufrió cambios y aún tomo medicamentos para poder controlarla.

La ira puede seguir como una forma de evitar de sentimientos más profundos los cuales no estamos preparados para afrontar.

Para poder soportar esta fase me refugié en los estudios y en mi trabajo, aunque seguía en negación y en peligro de sufrir un duelo patológico.

Es mejor enfrentar todas esas emociones, porque no funciona tratar de evadirlas. Por el contrario, con el tiempo traen consecuencias más severas. Durante todo el duelo la ira regresará vestida de diferentes maneras.

Esta fase es muy intensa ya que la ira se puede extender a familiares, amigos, médicos, a Dios, al fallecido, a uno mismo. Debajo de esta ira lo que hay es mucho dolor y esto nos hace sentir desamparados y abandonados.

La ira simplemente nos dice que el cuerpo empezó a luchar para sobrevivir a este embate. Lo importante es dejarla salir y expresarla. También se manifiesta a través de culpa hacia uno mismo (pero no somos culpables de nada) y se asocia con el miedo e incertidumbre de si podremos seguir este camino solos, si podremos cuidarnos solos o no.

Esta ira nos dice cuánto amor ha quedado contenido en nuestro corazón.

Aquí surgen preguntas como: ¿Dónde estaba Dios cuando me sucedió esto? ¿No es un Dios de amor, por qué lo permitió? ¿Por qué me lo dio si me lo iba a quitar? Entonces se quiebra la fe.

Tercera fase: La negociación

La mente, para protegerse, modifica los acontecimientos pasados. Escudriña todo lo que se pudo haber hecho para evitar la muerte.

Ya estás más en la tierra que en el cielo, estás más contigo misma. Has aprendido a disimular o reprimir que aún estás conflictuada y afectada. Lloras a escondidas. El duelo se ha vuelto más interno que externo.

Te identificas con personas que han pasado o están pasando por la misma situación.

¿Sera que puedo dedicarme ayudar a otros que esté pasando lo mismo que yo?

¿Será que un día despertare y me daré cuenta que solo fue un mal sueño?

¿Quizás ahora podré dedicar más tiempo a mí misma?

Cuarta fase: Depresión

Aparece la sensación de vacío y el duelo se intensifica, adquiere fuerza casi insoportable. Es una de las fases más largas, pero no es una depresión patológica. Aquí es donde el túnel se pone más oscuro y difícil de salir. Nos cuestionamos la existencia y el sentido de la vida. No te interesa si es de día o si es de noche, si tienes frío o calor, si tienes qué comer o no.

Levantarse de la cama es un trabajo terrible. Cuando amanece, sientes que la noche fue muy corta. No deseas levantarte porque no tienes un motivo, la vida te pesa como si tuvieras un concreto encima.

Las cosas que hacías antes, ahora te parecen tan estúpidas.

Cuando chocas con la realidad, te haces consciente de lo que ha pasado y se presenta con todos los detalles. Te embate la depresión.

Aquí entras en una especie de mutismo, prefieres escribir que hablar, porque te das cuenta de que nadie te entiende. La conversación pasa a tu interior porque sientes que cansas a los demás con tus relatos.

La sociedad evita hablar del duelo y de la muerte, quizás porque saben que un día le tocará pasar por el mismo o parecido acontecimiento.

Algunas veces te asusta no poder salir de esta fase, pero esta depresión nos ayuda a ir aceptando la irreversibilidad del acontecimiento y, por tanto, también debe pasar sin prisa para poder sanar.

Desde mi punto de vista, como psicóloga, en esta fase, ni en ninguna otra es aconsejable tomar medicamentos para aliviar la depresión. Ella misma se irá y volverá cuando tenga que volver ya que es una fase natural del proceso del duelo, lo que la hace anormal es reprimirla y ahí se puede volver una depresión clínica y entonces hay que medicar.

La realidad es que la pérdida está ahí y ninguna pastilla puede quitar el dolor.

La depresión nos obliga a analizar nuestra vida. Es ir más despacio en el duelo. Nos invita a reconstruirnos de nuevo desde el pozo en que caímos. Nos permite explorar lo más profundo de nuestro ser, y que, en otras circunstancias de vida, tal vez no sucedería.

¿Cuál es la razón por la que tengo que seguir viviendo?

¿Por qué tengo que comer?

¿Es suficiente lo que me queda para poder aguantar esta vida?

Quinta fase: Aceptación

No significa que ya estamos bien y que hemos aceptado lo que pasó. Pero sí aceptamos el hecho de que nuestro ser querido se fue y no volverá jamás, aprendemos a vivir y a seguir sin esa persona físicamente.

Sentimos paz; no estamos tan enojados. Reflexionamos acerca de cómo en verdad pasaron los hechos y dejamos de buscar un culpable.

Aunque siempre llegarán las recaídas y algunos pensamientos de reproches, aprendemos a vivir con esto, a sentir a nuestro ser querido más cerca, pero de otra forma. Aquí te haces consciente de todo lo que se ha perdido como lo es un hijo ya que nada tiene tanto valor y todos los demás privilegios quedan en segundo lugar, como es comprar un carro, una casa, ir de viajes, te das cuenta de que ese hijo que has perdido era lo más importante y todo lo demás ha perdido todo valor y sentido. Nos damos cuenta de esta fase cuando tenemos más días buenos que malos.

Empezamos a sentir culpa por querer hacer cosas de nuevo como salir a divertirnos y esto se debe a que pensamos que, al tener esos deseos, estamos traicionando la memoria de nuestro ser querido, pero no es así. Debemos pensar cómo le gustaría a nuestro ser querido vernos ahora. Por lo que, no debemos convertir a nuestro ser querido en nuestro verdugo ya que él no quiso morirse y dejarnos, no quiso dejar a su familia amada, simplemente se tuvo que marchar.

El conocer estas fases no quiere decir que el dolor desaparecerá o que disminuirá. Esto nos va a ayudar a entender que ciertas emociones son normales y naturales en este proceso y nos ayuda a saber que no nos estamos volviendo locos. También nos permite comprender por dónde anda nuestro proceso de duelo, si vamos avanzando o si nos estamos quedando estancados en una de ellas y así hacer algo para seguir avanzando con el proceso.

- Quizás era su hora y tiempo de partir

- Dios perdóname por culparte de mis errores

- Esa fue la voluntad de Dios

- Sé que nos rencontraremos algún día

- Ahora me toca a mí seguir

- Si yo vivo él vive en mí.

A continuación, mencionaré lo que podemos sentir y manifestar durante el proceso de duelo y como nos afecta nuestra calidad de vida.

Manifestaciones normales del duelo en padres que han perdido hijos

El duelo es un proceso normal que cumple una función de ir adaptándonos a la nueva realidad de que ya ese ser que amamos no está más físicamente.

El duelo normal se va a manifestar a través de diferentes emociones y conductas que son habituales y se presentan desde que conocemos la pérdida del ser amado. Estas emociones y conductas que se presentan son las que nos van a ayudar a sobrevivir a este huracán.

Algunas personas dicen que han manifestado algunas de estas emociones y conductas, mientras otras como yo las hemos pasado todas y más intensas de lo que los libros las presentan.

A continuación, se las comparto en detalle:

a) Alteraciones fisiológicas

Se pueden presentar al inicio de la pérdida, muchas veces no se presta la atención que merecen, y juegan un papel muy importante en ese momento.

· Los síntomas principales son:

· Vacío en el estomago

· Opresión en el pecho y garganta

· Hipersensibilidad al ruido

· Hiperventilación

· Despersonalización

· Taquicardias

· Cansancio

· Dolor en todo el cuerpo

· Dolor de cabeza

· Mareos

· Deshidratación

b) Alteraciones conductuales

Son cambios bruscos que se dan en la forma habitual de comportarse. El grado de alteración radica en qué tanto ha afectado la forma de comportarse y desenvolverse con los demás.

Es normal que estas conductas que se presenten durante el duelo, pero se espera que empiecen a corregirse con el tiempo:

Alteración del sueño. Esto se presenta en las primeras fases de la muerte del ser querido, pueden tener dificultad para dormir y despertarse muy temprano en las mañanas. Muchas veces esto lo que manifiesta es miedo a estar solo, miedo a soñar con el fallecido, miedo a morir mientras duerme.

Problema de alimentación. Las personas en duelo pueden dejar de comer o comer demasiado.

Atención dispersa. Actúan de manera mecánica, se vuelven olvidadizos. Son más propensos a los accidentes. **Se aíslan socialmente.** Limitan su contacto social a lo más estricto que se pueda, se alejan de las personas que antes frecuentaban.

Soñar con el ser amado. En este proceso soñar con la persona que ya no está es normal, pero si estos sueños son perturbadores como pesadillas o sueños angustiantes debemos prestar atención y buscar ayuda, ya que se puede estar presentando un trastorno de estrés post trauma.

Llorar. Es la manera de expresar nuestro dolor y la tristeza que sentimos por esa persona que ya no está.

Suspirar. Es una manera de sentir alivio, de darle descanso al cuerpo y a la fatiga de la respiración.

Se puede buscar y llamar en voz alta al fallecido. Esto no quiere decir que hayamos perdido la cordura. Es una manera de no poder aceptar la perdida, de negarnos a aceptar que esa persona no estará más.

Atesorar los objetos del fallecido. Es una manera de sentirse cerca de él y mitigar su ausencia.

Muchos evitan recordatorios del fallecido. Pueden evitar lugares a los que iba el fallecido, ver fotos, objetos que le recuerden a él y que le causen angustia y dolor. Esto puede llevarlos a deshacerse rápido de sus pertenencias, lo que más adelante podría convertirse en una complicación del proceso natural del duelo, mientras que otros frecuentan los lugares, se aferran a cualquier recuerdo. Es el miedo que le causa pensar que se pueden olvidar del ser amado que se ha ido.

c) Alteraciones afectivas

Es el área más afectada en ese momento, son las emociones y los sentimientos.

Tristeza. Es el sentimiento que más se refleja en este proceso y el primero en aparecer en fechas especiales cuando se recuerda al fallecido. No siempre se presenta con llanto, también puede presentarse con cansancio, sentimiento de soledad, de abandono.

La Ira. Es una reacción segundaria a la angustia. Según J. William Worden (2013) el enfado proviene de dos fuentes:

1. Del sentimiento de frustración ante el hecho de que no se pudo hacer nada para evitar la muerte.

2. De una experiencia regresiva que se produce después de que muere alguien cercano (a sentirse desamparado, incapaz de poder sobrevivir sin esa persona).

Culpa. Se acompaña de autorreproche y se debe a lo que se hizo, a lo que no se hizo, a lo que se dijo, a lo que no se dijo. Debido a la culpa se cometen muchos actos desesperantes en el proceso de duelo y esta ocasiona que este se sufra de forma exagerada. Aquí, la persona en duelo necesita el perdón del fallecido. Ante la imposibilidad de su presencia física para poder perdonar, la situación se complica. La culpa suele ser muy dañina, haciendo que el duelo sea más duradero y difícil de llevar.

Ansiedad. En cierta manera, la ansiedad nos ayuda a sobrevivir, pero cuando se desborda y se presenta con fuertes ataques de pánico, nos sugiere una reacción de duelo patológico. Esta ansiedad lo que nos refleja es que el sobreviviente tiene la idea de que no podrá cuidar de sí mismo y se relaciona con una conciencia más intensa de muerte personal.

Apego. Se dice que, sin apego, no hay dolor. Por el apego es que se ha generado el gran dolor después de la muerte de un ser querido. En el duelo, el apego se puede desplazar a sus objetos y aunque parezca extraño, al dolor que produce su ausencia y su recuerdo disminuye porque así mantienen a la persona viva y cercana. Por eso, muchas personas dejan de hacer su rutina cotidiana y se inhiben de disfrutar de las cosas que antes disfrutaba, ya que se mantienen apegadas a la tristeza y a la victimización.

Ausencia de sentimientos. Llamado también anestesia emocional o embotamiento sensorial. Esto suele ocurrir inmediatamente después de conocer la noticia del fallecimiento del ser querido. Puede durar un día o varios y la persona se siente extraña por no poder experimentar las emociones que normalmente debería sentir. La persona se siente embotada, distraída, sin tener claro lo que está pasando. Se vive con culpa ya que no siente ese dolor tan grande que debería sentir. Esto pasa quizás porque son tantas emociones juntas que dejarlas salir o enfrentarlas sería muy abrumador para el doliente.

d) Alteraciones cognitivas

Compromete la lucidez y claridad mental y genera malestar al no discernir lo que está sucediendo.

Trastorno de memoria, atención y concentración. Esto es común en el duelo ya que la persona pierde la capacidad de estar en atención y concentración presente. Vive metido en sus pensamientos y sentimientos los cuales no puede controlar. Se le olvidan mucho las cosas que suceden en el momento.

Incredulidad y confusión. Es el primer sentimiento que se presenta desde que se conoce la noticia del fallecimiento. Es más intenso si la muerte ha sido inesperada. Se pierde la confianza y la credibilidad de las cosas ante la muerte del ser querido. Estos pensamientos y emociones suelen producir agotamiento tanto físico como mental.

Sentido de presencia. Algunas personas en duelo suelen pensar que su ser querido sigue entre nosotros, que no se ha ido. Según pasan los días, esta sensación va disminuyendo.

Alucinaciones. En personas en duelo, tanto las alucinaciones visuales como auditivas, suelen ser normales y pasajeras. Se pueden producir una semana después del fallecimiento.

Se dice que cuando un ser querido muere, no lloramos por él, lloramos de miedo por nosotros mismos porque nos sentimos solos, abandonados (Worden citado por, Guillen porta Vicente et ar: s.a., Pág. 71-77).

TERCERA PARTE

El TÚNEL
NEGRO

El diario durante mi proceso de duelo

Cuando no podía hablar, escribía. Estas son las notas que han sido parte del proceso que tuve que pasar para sanar y recuperarme.

22/01/2013

Hoy fui al colegio donde estudiaba mi hijo a saldar la cuenta del año escolar. Cuando llegué allí fue tan espantoso. La secretaria cuando me vio se quedó en silencio mirándome. Le dije por qué estaba ahí y le expliqué que venía a pagar lo que se debía, y mirándome a los ojos me dijo:

– No me debes nada, no puedo cobrarte.

Tuve que contenerme para no estallar en llanto. Luego me dirigí a su curso, quería llegar allí. Sus compañeros cuando me vieron se sorprendieron.

Le pedí permiso al profesor que impartía la clase para estar unos minutos ahí. Pregunté ¿dónde era que se sentaba? Y me dijeron con cara de mucha tristeza: "esa silla que está ahí". Se pueden imaginar que abracé la silla, me senté en ella, y casi todos los estudiantes lloraban conmigo. Decían "no nos concentramos en clases mirando su silla". Hablaron de lo bueno y solidario que era su compañero y de la tristeza de que ya no iba a estar más con ellos.

Me quise morir en ese momento.

07/02/2013

Hoy estoy muy triste, como siempre. Tengo muchas ganas de llorar. En este día he hablado mucho de mi hijo y lo último que hice hoy fue llamar a la casa a ver si Adonay cogía el teléfono. Es que me cuesta tanto aceptar que ya no está.

Hoy lo pienso como siempre con su media blanca puesta con sus pantuflas y lo imagino con su poloché rojo y sus jeans azules. Siempre lo pienso entrando vestido así a la casa con su celular en las manos.

¡Qué difícil, Dios! Es como estar muerta en vida.

Mi Adonay, aún no lo puedo creer, Dios.

Me pregunto en qué falle, qué hice malo para que la vida me arruinara de esta manera. ¡Mi familia tan linda! Pero, ya falta uno de lo que más amaba, y amo en mi vida. ¡Cuánto cuesta seguir adelante! Mi niño, tan joven, lleno de vida, humilde, y respetuoso.

Vivo pensando que cuando se me cumpla mi misión aquí en la tierra volveré a verte, eso me mantiene en pie.

Se me derrumbó mi casa donde no pude regresar más porque salimos felices, y mira cómo regresamos, destruidos, y contigo en un ataúd. ¡Oh, Dios que difícil!

Este mundo lo siento extraño para mí. Es como si no me acostumbrara a vivir en él nuevamente. Los días se me hacen largo, pesados. Anhelo que llegue la noche para acostarme porque eso es lo que mi cuerpo me pide. Las mañanas son tan difíciles. Otra vez enfrentar la realidad de que no estás.

Pienso que estoy viviendo una pesadilla de la cual voy a despertar y todo estará bien como antes, pero la realidad es que ya no estás, que tengo que seguir sin ti. Siempre creo que lo voy a ver llegar y luego me decepciono cuando llega la noche y tengo que aceptar que solo era una ilusión, que no está más, que tengo que ver su cama vacía porque no está más, ni va a estar.

En las mañanas cuando me decía:

— Ma' ya me voy para la escuela. Deme el dinero.

Y yo le decía:

— El Señor te cuide.

Cuando llegaba de la escuela:

— ¡La bendición, mami! ¿Qué cocinó hoy?

Cuando yo llegaba del trabajo me decía:

— ¿Ma', como le fue hoy?

Ya nadie me pregunta eso.

— ¡Gorda, la llaman!

Así me decía de cariño y yo me enojaba.

Me abrazaba cuando estaba guapa con él. Me decía:

— Ma', yo la quiero. No se ponga así.

¡Ayyyyy, Dios, cuanto lo extraño!

Era mi vida. Lo era todo para mí, por él estudié, me superé, trabajaba...

¡Mi Junior Adonay! La muerte me lo quitó, pero lo que no me pudo quitar es el amor que siento por él, sus recuerdos y la esperanza que me mantiene viva de volverlo a ver cuándo yo parta de este mundo.

Cada día es peor. Me desespero más y me hace más falta. Lo quiero ver, lo quiero abrazar, besar, hasta pelear con el cómo lo hacía antes. Me dejó incompleta porque se llevó mi otra mitad.

10/02/2013

Mi peluito, ¿dónde estás? ¿Dónde?

Esta noche tengo una inmensa tristeza, muchas ganas de llorar. Veo su foto y me asusta porque creo a lo mejor que no es verdad lo que ha pasado. Veo su foto y es que no, no, no, no lo puedo creer, sus ojos tan tiernos y dulces, con esa mirada tan llena de esperanza, con su carita tan sabia, con tantas ganas de vivir. Pero, la realidad es que ya no está y no estará más. No escuchare más tu voz, ni sus reclamos, ni su dulce llamado como me decía ma'.

No soporto el dolor que destruye mi alma, ni resignarme a vivir sin ti. Recuerdo tu bella cabecita, tu pelo... ¡ayyyyy, Dios, dame fuerzas! Los días son muy oscuros para mí. ¡Qué feo se siente!

Siento que me muero cuando despierto y no estás. No puedo hablar y es que no lo creo. Me duele todo. No puedo explicar lo que siento, hay que vivirlo y sentirlo, solo me quedan tus fotos y tus recuerdos, y con eso tengo que conformarme quiera o no. ¡Qué duro es verte que te vas de repente y sin despedirte!

Adonay, te llevaste toda mi vida. La vida tiene un sabor muy amargo sin ti. Me despierto en las madrugadas con ganas de salir corriendo a buscarte.

Con que facilidad se nos olvida que todo lo que tenemos aquí es temporal, incluidos nosotros mismos y cada una de las personas que amamos. Si pudiéramos alejarnos del ajetreo del día a día, del malestar de los problemas y dedicáramos tiempo para ver lo bueno que hay en nuestro alrededor, nos daríamos cuenta que somos inmensamente afortunados.

A menudo estamos junto a nuestros hijos, pareja, padre, amigos, hermanos casi sin verlos, porque la mente no para, y siempre encuentra excusas para reclamar nuestra atención con preocupaciones y distraernos de lo hermoso de la vida, del afecto que nos brindan a diario las personas que nos aman.

14/02/2013

Anoche soñé con Adonay. Soñé que estaba sentado haciendo tareas de la escuela. No sé en qué lugar estábamos, pero sí sé que era en un patio de una casa. Allí lo vi tan hermoso, bien vestido, como era él, igualito.

Lo abracé y lo besé en la mejilla, y le dije que lo amaba. Se puso feliz con ese beso, ese abrazo que le dije qué bueno que estuviera vivo, que Dios era muy bueno. Le dije que mi celular era de él, que lo podía coger, y me dijo que no, que el celular de él lo estaban arreglando. En el sueño yo no sentía dolor porque él estaba vivo. En ese momento alguien me despertó. Cuando desperté que vi que no era real, me quise volver loca, morir.

Quizás mi inconsciente está reflejando culpa por no haberle dado lo que él quería o no haberle dicho más a menudo lo mucho que lo amaba.

15/02/2013

Hoy tengo ganas de coger una guagua rumbo a San José de Ocoa y llegar hasta donde se ahogó mi hijo, y lanzarme sin pensar, pero en realidad esto es suicidarse, lo quiero volver a ver, y si hago esto no lo vuelvo a ver.

Te amo, te adoro, te protegí, y ahora qué. Siento un deseo profundo de salir a caminar, caminar y caminar, beber, beber, hasta morir. Pero Dios tampoco me lo perdonaría.

¿Qué hago con mi vida si no tengo ninguna ilusión por ella?

Volverás, yo sé que volverás, me cuesta vivir sin ti y eres mi otra mitad. Eres tú mi realidad, fue demasiado, demasiado amor. ¿Qué hago con él ahora?

Perdóname por llevarte a ese lugar a morirte. Te amo.

¡¿Dios, cómo puedo seguir?! Dame la clave.

Dios mío, padre, tú sabes lo que estoy pasando, lo que estoy sufriendo, es insoportable.

Los días han pasado y ni cuenta me he dado, espero su llamada y me despierto en plena madrugada. Siento que me muero poco a poco.

Ver a la gente seguir su vida como sin nada, como si nada ha pasado y querer que ya tenga conformidad, eso me pone furiosa. Lo que no saben es que nunca lo voy aceptar, ni me voy a resignar a verlo perdido.

Que hago yo sin tus lindos ojos, que hago yo si no escucho tu voz, no hay palabras, no las hay para describir lo que siento.

Dios mío, no quiero caer en el alcohol, libérame que tengo dos hijos más, no me dejes caer que eso es lo que me pide el cuerpo.

Me haces falta, Adonay. Te extraño tanto que no sé cómo sigo de pie.

Deseo en mi corazón marcharme lejos donde nadie sepa de mí, pero a la vez pienso que mis hijos no se merecen esto y no merecen sufrir más.

El 25/12/2012 Adonay tenía una cita con la muerte, en Ocoa, en ese lugar donde se ahogó, y yo fui con él a esa cita, sin saber que fui a despedirlo, y ni siquiera él sabía que en ese bello lugar tenía esa cita.

19/02/2013

Hoy como a las cuatro y media llamé a la casa a ver si él cogía el teléfono. No sé por qué hago estas cosas, ya que sé que está muerto. Mi hijo Adonay está muerto y no lo puedo creer.

Hoy mi segundo hijo me vuelve hacer las mismas preguntas: ¿Por qué se ahogó si era tan joven? ¿Si era tan obediente? ¿Cuándo regresa a casa? Que si no va a volver, que cómo está debajo tierra. Dios mío, dame fuerzas para poder seguir y aceptar esta realidad tan grande. Al parecer vine a este mundo a sufrir, solo a sufrir, a pesar de siempre tratar de hacer las cosas por el camino correcto.

En 2003, perdí a mi mamá. Fue devastador para mí y mi familia.

En el año 2011, perdí a mi hermano de un infarto fulminante, otro golpe y mira ahora a casi 2 años de perder a mi hermano, pierdo a mi hijo mayor. Esto sí que es una tragedia de las peores y la que nunca imaginé. A esto no sé ni cómo llamarle. Pude superar todas las muertes de mis seres queridos, pero no sé si pueda superar la muerte de mi hijo, es que no lo puedo creer, a casi dos meses de su muerte me estoy volviendo loca. Su falta me está matando lentamente.

Cuando murió mi hermano Wilfredo, yo pensé que era lo peor que me pudo haber pasado. Amaba a mi hermano, pero quién me iba a mí a decir que aún me faltaba el golpe más duro y devastador de mi vida: la muerte de mi amado hijo, mi niño precioso.

Apenas con 17 años, con todo un futuro por delante, con tantas ganas de vivir, con tantos planes en la vida. Todo ha quedado paralizado, todo quedó atrás. ¿Cómo se puede seguir viviendo con este dolor, con esta desesperación?

Tanta felicidad se volvió oscuridad de la noche a la mañana, en ese día tan trágico.

Ese día le di su desayuno, luego charlábamos sobre cosas que íbamos hacer. Él quería que yo comprara un carro porque le gustaban mucho los carros, y yo le decía que no, que quería otra cosa primero. Me dijo:

— ¡Oye eso! Eso da para comprar un carro. Yo siendo usted compro un carrito.

Yo le dije:

— Está bien. Yo te doy los 80 mil y tú pones lo otro.

Recuerdo esa sonrisa tan inocente, cuando le dije así.

¡Tuve que coger para ese lugar! Yo, que nunca salía cuando iba a visitar a mi papá. Lo feliz que íbamos porque el lugar es muy bonito. Todo pasó en cuestión de segundos. Recuerdo sus últimas palabras:

— ¡Aquí, ma'!

Para que yo le tirara una foto con su hermanita de 3 meses de nacida. ¡Oh, mi Adonay! Era despidiéndose que estaba y no me di cuenta. Con su inocencia iba echando carrera con su hermano. Te despediste de tus hermanos, pero de mí no.

20/02/2013

Hoy mi corazón sangra. ¡Es tan fuerte seguir sin ti! Siento que el mundo se me viene encima y no aguanto esta carga tan pesada y tan grande, pero, mi niño, estoy luchando fuertemente para salir adelante.

Mira a tu hermano; está destrozado con tu partida. Ves ahora lo mucho que te amaba, aunque pelearan. Ese niño da pena preguntando por su "nonano" como te decía y quizás ahora te das cuenta de todo lo que te amábamos, más de lo que tú te imaginabas. No tuve el valor de regresar a la casa sin ti.

¿Oh, Dios, por qué lo permitiste? ¿Qué hice, Señor, ¿para merecer esto? Dame las fuerzas y esa fortaleza que solo tú sabes dar para seguir adelante. No me dejes caer, agárrame fuerte con tus manos.

Me siento asustada, angustiada, con este dolor tan grande en mi pecho. Estoy volviéndome loca.

¡Anoche lloré tanto pensando en ti! Es que se me hace tan difícil creer que ya no estás. Me siento aturdida, como si estuviera viviendo una pesadilla de la cual voy a despertar.

Me da tanta envidia ver las familias completas, que tienen todos sus hijos vivos. Dios perdóname por mi egoísmo.

21/02/2013

¡Dios, qué mal me siento hoy! ¿Cómo puedo seguir? ¡Dios mío, dame fuerzas! Veo al mundo tan triste, pero en verdad el mundo no está triste, yo soy la que tiene esa tristeza. Creo y pienso: ¿Cómo podé salir de esto? ¿Podré salir de esto? Creo que no podré salir de esto.

Pero, ahí está Dios diciéndome: no estás sola, hay mucha gente que te quiere y están tus hijos que te necesitan.

¡Ay, Dios mío! ¡Qué duro! ¡Qué duro! Pero, si otro ha podido, por qué yo no. Es que mi cabeza piensa, piensa y no le encuentro un sentido a esto. Me duele el estómago solo de pensar que ya no está y que no volverá jamás.

Hay personas que me culpan de su muerte. ¡Qué terrible para una madre que la acusen de la muerte de su hijo que tanto amaba! Es como enterrarla viva.

No siento ilusión por la vida, ya no le encuentro sentido. ¡Qué pesadilla vivir así! Es como si uno llevara encima el concreto de una casa.

Hay veces en que hago un gran esfuerzo por mostrarme bien ante mi familia, aunque por dentro me caiga a pedazos.

Muestro serenidad, paz, resignación, aunque en realidad no tenga nada de eso. Espero que algún día pueda darme a los demás en una forma más genuina, sin tener que fingir que estoy bien. Se me han dormido sus recuerdos de tan fuerte que ha sido para mi mente.

La muerte de un hijo es la prueba más insoportable que puede atravesar un ser humano. Es arrojarlo a una profunda crisis existencial difícil de superar.

22/02/2013

Hoy me siento muy aliviada, aunque sea por hoy, no me importa. Soñé con mi hijo otra vez. Lo vi tan bonito y sonriente. Me dijo:

> *— Ma', yo me río todos los días de las cosas que ustedes hacen. Yo veo todos los días lo que ustedes hacen y me rio mucho.*

Lo ve como estúpido lo que hacemos. Me dijo que era como estúpido que yo llorara tanto. Fue un sueño tan real que me calmo el dolor y me dio paz.

23/02/2018

Hoy fui a mi casa y acabé de sacar las cosas que me quedaban. Fue la despedida más triste de mi vida. 14 años viviendo allí donde se crió mi hijo, quien amaba su barrio. ¡Qué triste! Vuelvo y me pregunto por qué me sucedió esto, pero nunca hay respuestas y a lo mejor nunca la habrá.

Quise morirme o quiero morirme. No veo mi vida sin Adonay.

Me has dejado como un pajarito sin su nido, desorientada, sin saber qué hacer, ni dónde ir. Tener que aguantar esta tristeza y este dolor que embarga todo mi ser. ¿Cómo, cómo podré vivir sin ti?

¡Dios mío, Dios mío!

25/02/2013

Hoy se cumplen dos meses de que ya no está con nosotros. La tristeza que siento no se compara con nada en este mundo, y más cuando mi hijo de 7 años me dice:

— Mami, dime algo que te voy a preguntar. Dime que no es verdad que nonano (como él le decía a su hermano) no está muerto. Dime que es mentira, dime que es mentira que él no se ahogó, que él va a regresar en 5 meses.

¡Cuánto dolor, Dios mío! Solo tú sabes por qué permitiste esto en mi vida.

Estoy tan desesperada, tan angustiada, tan triste que se me salen los pipí durmiendo y no me doy cuenta.

¡El vacío es tan grande y la ausencia se siente cada día más! El corazón con estas cosas queda mutilado para siempre, pero hay que decir sí a la vida a pesar de todo hasta que llegue el momento en que podamos reencontrarnos.

Es tan difícil cargar este vacío que solo las personas que lo hemos vivido lo podemos entender.

25/02/2013

La llegada de la muerte a nuestro hogar como un huésped no invitado, llevándose a mi hijo, dejando vacía a una habitación de la casa, un lugar en la mesa familiar es espantoso.

A través de tu muerte he comprendido que el verdadero sentido de la vida es un tiempo precioso y finito que debemos vivir al máximo, pero de otra manera, ya que el camino trazado hasta ahora no sirve para esta nueva realidad.

60 días de penas, de preguntas sin respuestas, de dormir y despertar pensando en ti, de ver sus hermanos desorientados. 60 días de miradas al cielo, 60 días de lágrimas, 60 días de pedir perdón, 60 interrogantes de cómo murió, 60 días orando para que se haga un milagro y vuelvas. Si sufrió antes de morir, si supo que se iba, de cuál fue su último pensamiento, de dónde está ahora, cuándo nos volveremos a encontrar.

26/02/2013

Yo estoy segura de que mi hijo está bien porque su espíritu no tiene más dolor, ni sufrimiento, ya que el que padecía era el cuerpo y ese ha quedado aquí en la tierra y en cambio su espíritu ahora es libre.

Hoy, tratando de seguir adelante con esta depresión, esta tristeza, este dolor en el alma, en el cuerpo, se me olvidan mucho las cosas por no decir todo, pero ahí vamos, tratando de renacer de nuevo.

Hoy veo a todo el mundo seguir como si nada ha pasado y eso me llena de ira porque aquí estoy yo peor que el primer día. Todos son-ríen, todos se divierten, y aquí estoy yo incapaz de sentir esa alegría porque mi corazón está seco, está roto.

¡Oh, mi hijo, quién me iba a decir a mí que hoy tu no estarías con-migo! Tú, mi niño bello, a quien amo tanto, a quien tengo tantas ganas de ver, de besar, de abrazar, y de sentir ese olorcito tuyo, de oler tu cabecita. ¡Oh, mi niño, si supieras cómo está sufriendo tu mami sin ti! Aún no lo puedo creer. Recuerdo todo lo que hacías, lo que te peleaba por los regueros. Recuerdo tu lunarcito en la barriga cuando yo te decía:

— Tienes un mosquito ahí, déjame matarlo.

Y tú me contestabas:

— Ma', ese es mi lunar y tú me lo quieres arruinar por envidia. Ja, ja, ja,ja.

¡Qué linda sonrisa tenías, tan inocente! ¡Tan sano de corazón! Qué voy hacer sin ti, mi niño, y con tanto amor para darte. ¿Cómo me acostumbro sin ti?

27/02/2013

Hoy siento que voy a enloquecer, siento mi cabeza oprimida y grande, con un zumbido o ruido dentro de ella. Esta ansiedad, angustia, desesperación que me están matando lentamente. ¡Oh, Dios, qué sensación tan mala! No se lo deseo a nadie.

Ayer le comenté a mi esposo, que si yo no salgo de esto, que si no aguanto la muerte de mi hijo, que me cuide mucho los niños, que le diga que los amo, que me perdonen si los dejé solos. Mi esposo me contestó:

— No te preocupes, no va a pasar nada porque Dios proveerá.
  ¡Qué fe tiene mi esposo! Lo admiro por eso.

En realidad, quiero salir adelante, pero la verdad cada día se me hace más difícil.

Hoy estoy muy angustiada, me sudan las manos, los pies, me palpita fuerte el corazón, en fin, todo lo desagradable que una persona puede sentir, pero Dios es el que sabe, yo estoy entregada a él.

01/03/2013

Hoy en el trabajo me dio una gran ansiedad, un ataque de pánico pensando en esta desgracia, estaba sola. Me arrodillé desesperadamente a Dios pidiéndole paz para mi mente y corazón. ¡Oh, qué horrible esto que siento! Cuando me pongo así pierdo la esperanza de que voy a salir de esto. Es algo tan fuerte que siento la cabeza oprimida, siento que el mundo me aplasta como una cucaracha. Lo que hice fue ponerme a llorar, qué más puedo hacer.

Estoy tan nerviosa, tan angustiada que no sé qué hacer. Hay veces en que me muero del miedo de solo pensar que se muera otro ser querido de los míos. No sé por qué pienso esto, quien soy yo para evitarlo, no tengo el control de nada, solo Dios es el que sabe, a él me entrego con toda mi familia. ¡Qué horrible se siente vivir así, tan angustiado y asustado!

Oh, Señor, ¡no dejes que el enemigo aproveche de mi debilidad y me ataque! Señor, libérame, protégeme padre que yo soy tu hija, no me escondas la cara Señor, tú sabes cómo estoy, solo tú lo sabes.

08/03/2013

Hoy estoy muy aturdida. La tristeza me acompaña como todos los días.

Veo cómo la gente en la calle se queda mirándome, porque me ven hablando sola, y muchas veces en ese hablar sola me sonrío, lloro. Dirán que estoy loca, pero lo que pasa es que todo el tiempo estoy pensando, pensando en las cosas que viví con mi hijo y en mi perdido pensamiento me sonrío y lloro, y no me doy cuenta. Así son mis días después de que mi hijo se fue y me dejó con este corazón roto.

Cuando sucede esto, como si uno tuviera una enfermedad contagiosa donde todos se alejan de uno, hasta algunos familiares se alejan. Quizás se cansan de oírte hablar de lo mismo, de escuchar tantas lamentaciones. Incluso esas personas que antes te daban mucho apoyo, muchos consejos ya no los ves, ni siquiera una llamada, pero yo digo nadie se puede escapar de la muerte, son cosas de la vida, no se lo deseo a nadie por duro que sea para mí.

03/03/2013

Después de la tragedia me alejé de la iglesia, enojada con Dios. Hoy volví a la iglesia, oré mucho y cuando estaba orando en una ocasión escuché una voz del lado del oído derecho que me dijo:

— Él no va, pero todo estará bien.

Nos íbamos de vacaciones. No se lo conté a nadie, porque me podían etiquetar de loca.

¡Qué grande es tenerse que conformar con lo que te queda y tener que aprender a vivir sin la presencia física de ese hijo que tanto amas! Me pregunto cómo he podido aguantar tanto dolor.

Es mentira que cuando el tiempo pasa, el dolor pasa. Lo cierto es que aprendemos a vivir con él, a lidiar con él y, como la "función" debe continuar, es totalmente natural que para volver a la vida, todas las mañanas debemos ponernos la máscara de carita feliz. No solo por nosotros, sino también por quienes nos quieren y aún tenemos. Es que, en definitiva, ellos no tienen la culpa de lo que nos pasó. Ahora comprendes a las personas que se suicidan y nadie se dio cuenta de las señales y de que solo tenían una máscara puesta para evitar que se den cuenta de su depresión y así aparentar que todo estaba bien.

09/03/2013

Cada día es más difícil caminar sobre este dolor que me quema por dentro. Cómo me da rabia cuando la gente me pregunta cómo me siento. Nadie te entiende; solo el que ha pasado por esto sí te entiende. Ya quieren que yo esté bien y cómo voy a estar bien si fue mi hijo que se murió.

Ahora estoy teniendo pesadillas feas de noche, en lo poco que logro dormir a causa de esta carga emocional. ¡Dios mío, aquel día fue tan terrible! Es para volverse loco. Corría de un lugar para otro, voceando que lo sacaran, que lo sacaran rápido. Todo fue en vano, porque lo pudieron sacar desde donde cayó al otro día a las 12 del mediodía. ¡Qué duro para una madre tener que dejar a su hijo amanecer solo en una montaña! Yo sabía que él estaba en el charco, pero me mantuvieron entretenida con el cuento de que posiblemente estuviera en una cueva que había, que habían caído gente ahí y se habían salvado. ¡Qué rabia siento!

Yo vi el otro adolescente que andaba con él decir que no pudo hacer nada para salvarlo y me creí el cuento (era mejor creerse ese cuento). Yo solo pensaba: pero este frio lo va a matar, tiene que tener hambre. ¡Qué inocente yo! ¡Cómo me bloquee, si ya estaba muerto desde temprano! Para mí estaba desaparecido. Nunca perdí la esperanza de que apareciera con vida, pero todo el mundo sabía que ya no había vida. Cuando lo sacaron de las profundas aguas, nadie quería decirme nada. Yo preguntaba y preguntaba. ¡Qué dolor siento! y vi que mi esposo estaba hablando por teléfono y lo escuché decir:

— ¡Ah, ya!

Me le acerqué. Le pregunté:

— ¿Ya apareció? Bajó la cabeza y me dijo:

— Sí, Dilenia, muerto. Hay que poner los pies sobre la tierra.

¡Dios mío! ¡Dios mío! ¡Dios mío! ¡Dios mío, qué cosa tan grande! Sentí que se me desprendió el corazón, que me fui con él también. Desde ese día soy una viva muerta. ¡Dios mío, qué día ni más funesto!

Más duro fue tener que decirte adiós, pero te digo un hasta luego porque me aferro a creer que hay algo más allá de la muerte, y cuando yo muera que haya terminado mi misión aquí, estaré feliz con mi encuentro contigo.

12/03/2013

En este día me siento con más ánimo de hacer las cosas, con mi dolor, pero me siento más capaz de caminar sobre el dolor.

Fui al trabajo, regresé a la casa a las 12, luego, regresé al trabajo. Cuando llegó la tarde, como a las 5, sentí que me traspasaron una espada por el pecho que me atravesaba medio a medio el corazón.

Es que la nostalgia de llegar a casa, de verlo como siempre lo hacía me embargó el alma pensando en esos días cuando llegaba a la casa y allí mi flaquito me abría la puerta.

13/03/2013

Me doy cuenta de que estamos en un nuevo año y con el reto de volver a vivir.

Sin importar el dolor que hay en mi corazón, estoy viva y tengo una misión: volver a amar y hacer que ese amor dé frutos. Sé que eso es lo que quiere mi hijo, aquel que partió y me dejó desolada de tristeza.

Deseo en este nuevo año que mi corazón sane, pueda volver a sonreír, volver no a sobrevivir, sino, a vivir.

14/03/2013

¡Qué vacío tan hondo y oscuro en el que siento caer sin fin!

No soy comprendida por nadie, ese querer morir como única vía para dejar de sufrir. No hay dolor más grande en esta vida, pero también es la oportunidad más grande que tenemos para decirle a Dios: gracias por lo que me diste, y por lo que hoy me das. Sé que algún día nos contestará.

Mi hijo murió, pero el amor que compartimos nunca será destruido.

Esa herida se mete en lo más profundo del alma, un dolor que solo morirá conmigo. Vivir después del vacío total, el dolor tan desgarrador que significa la pérdida de un hijo es una de las tareas más difíciles que tiene por delante un ser humano, pero al mismo tiempo el trabajo que nos permite superar el dolor, la frustración y volver a la vida, nos otorga a la vez una fuerza inesperada, una capacidad que nos hace más humanos.

18/03/2013

Tantas reacciones físicas y emocionales que no puedo con ellas.

Me siento mareada, la cabeza grande, la cabeza adormecida, dolor de cabeza de tanto pensar, ruido en los oídos, palpitaciones, pesadillas, ansiedad, y este dolor en mi corazón que me consume cada día. Esta desesperación no la aguanto. Dios es el único que sabe lo que va a pasar conmigo, porque a él me entregué. Esto no es vida, es como estar viviendo mi propia muerte.

19/03/2013

Buscando en internet, encontré esta carta que le escribía una mamá a Elizabeth Kübler Ross (está en el capítulo 9 del libro los niños y la muerte: los niños que saben que van a morir). Quedé impactada con este testimonio y por eso lo escribo aquí:

Mi hija se despertó una mañana en un estado que solo se puede describir como de "extrema excitación". Esa noche había dormido en mi cama y me despertó abrazándome, diciendo: mami, ¡mami, Jesús me ha dicho que me voy al cielo! Estoy contenta de irme al cielo, mami. Allí todo es bonito, dorado, plateado y resplandeciente y Jesús y Dios están allí...

Y así siguió. Estaba eufórica y hablaba tan rápido que apenas podía entenderla. Al principio me asusté, me inquieté sobre todo por su excitación. Era una niña tranquila, muy inteligente, pero no era tan inquieta.

Nunca la había visto así, ni por navidad, ni en su cumpleaños, ni en el circo.

Le dije que se calmara que no hablara así, no conseguí calmarla. Siguió explicándome lo bonito que era el paraíso dorado, con cosas preciosas y ángeles resplandecientes, diamantes y piedras preciosas. Y lo feliz que iba a ser allí y lo bien que lo pasaría. Jesús se lo había dicho. Estaba entusiasmada, recuerdo más sus gestos y su alegría que sus palabras.

> *— Cariño– le dije– un momento, tranquilízate. Si te vas al cielo, te echaré de menos.*

Fue en vano; ella insistía:

> *— No era un sueño, era real– con el entusiasmo con que hablan los niños de 4 años.–Pero no te preocupes, mamá, porque Jesús dijo que podría cuidarte, y te daré piedras preciosas. Te encantarán.*

Siguió hablando de lo mismo, hablando sobre lo maravilloso que era el paraíso, calmándose poco a poco, y, cuando volví a felicitarla por su hermoso sueño, me dijo que no era un sueño que era real, realísimo. Descansó en mis brazos un momento. Me dijo que no me tenía que preocupar, porque Jesús la cuidaría. Saltó de la cama y se fue a jugar. Me levanté preparé el desayuno.

El día transcurrió normalmente hasta que, a primera hora de la tarde, entre las tres y tres y media, la asesinaron: la ahogaron. La conversación de mi hija me había sorprendido tanto que esa misma mañana comenté con una persona lo que llamé el "sueño de mi hija".

Después de ese sueño, murió al cabo de 7 horas. No me lo explico.

Conocía el cielo, nadie le había hablado de eso, solo la llevé un par de veces a la iglesia.

31/03/2013

¡Dios, solo tú y yo sabemos cómo me siente! No quiero vivir. No sé cómo aún sigo de pie, porque este dolor tan grande, esta tristeza me carcome día a día. No tengo fuerzas para seguir, me siento cansada, muy cansada de luchar contra esta depresión, contra esta tristeza y este desinterés por la vida.

¿Cómo podré salir de este pozo donde me encuentro? Siempre me pregunto dónde estás Adonay. Te me fuiste como una estrella fugaz y no me enseñaste a vivir sin ti. Esto se llama el infierno, Dios que me perdone si lo ofendo, pero no le encuentro otro nombre para describir esta desgracia.

No sé por qué he tenido que pasar tanto sufrimiento en esta vida. Me pregunto si para esto fue que nací. Pero, quién soy yo para no merecerlo, si la virgen María vio a su hijo morir y ser maltratado de la manera más cruel siendo inocente.

Solo le pido a Dios en estos momentos de valle de oscuridad que me dé la fortaleza para encontrar la luz. Lo que siento ni siquiera con palabras puedo expresarlo, porque no encuentro la palabra justa y correcta que la describa.

A veces llego a la conclusión de que no lo lograré, que no lograré salir de esta. Creo que es mi fin.

01/04/2013

Perder un hijo es como si de un momento a otro nos hubieran arrancado los ojos. El miedo, la tristeza y la oscuridad nos abruman.

Al día de hoy siento que le he fallado a la sociedad, que he fallado como madre, que le falle a mi hijo. La sociedad perdió a un joven útil a ella, yo perdí a un hijo que amaba con todo mi corazón. Debí cuidarlo mejor como adolescente.

El día es largo, pensando siempre que lo voy a ver, que va a llegar de repente. Las noches son infames y llega nuevamente la incertidumbre, ya no está para darle las buenas noches, para luchar con él para que se acueste temprano y deje la computadora. Me duele el cuerpo, me duelo el alma, me cuesta hasta respirar.

Cómo conformarme ahora con una tumba fría, con ir al cementerio y ponerle flores, ver su nombre grabado allí, recordándome que está metido ahí deshaciéndose. Esto es para una madre morirse.

02/04/2013

Hoy amanecí como muchas veces: con mucha angustia y ansiedad.

Estaba hablando con alguien hoy y me dijo que le contara lo que ocurrió aquel día de la tragedia. Le empecé a contar todo, pero cuando estaba terminando me puse mala, sentí que me iba a desmayar, sentí enloquecer, un dolor grande en mi corazón, angustia. ¡Señor, paz a mi mente y corazón! Tranquilízame el espíritu, Señor, esto es muy duro para mí.

04/04/2013

Esta mochila que llevo es muy pesada.

Hoy iba a dejar caer la niña de lo distraída y mal que estoy. La pobre se asustó mucho.

¡Qué condena tan grande me ha impuesto la vida! ¡Cómo puedo vivir así! ¿Cómo es que Dios nos manda tanto sufrimiento? ¿Por qué la vida se ha ensañado de esta manera conmigo?

08/04/2013

Adonay, hoy quiero contarte que volví ayer a la iglesia. Tuvieron que orar fuertemente por mí, porque me vieron muy mal. Sabes, ahora ando con la niña, antes andaba contigo. Sabes, aún no he podido aceptar tu partida, anoche no dormí nada. Me sentía tan desesperada y tan angustiada que creí morir. No hay día que no te llore. Algunas veces lo hago a escondidas para no hacer sufrir a los demás. Ellos piensan que ya me estoy recuperando, pero en verdad me siento peor. Creo enloquecer algunas veces, pero me aferro a la idea de que un día volveré a verte, y me aferro a tus hermanitos para poder seguir adelante, pero, ¡cómo te extraño mi niño y como sufro! No sé qué le hice a Dios para merecer esto. Sabes, me soñé contigo. Disque andábamos juntos cruzando por el lugar donde te ahogaste y yo te dije:

— Pero, tú estás muerto.

Y tú, con tu hermosa sonrisa me dijiste:

— Yo estoy vivo.

Y yo te dije:

— Pero, de sacaron de ese lugar muerto.

Y tú me dijiste:

— ¡Oigan eso! Ese no era yo.

10/04/2013

Algunos familiares opinan que hay que perdonar, pero yo les comprendo; ellos no han perdido lo que más aman. Los comprendo porque, aunque digan: yo sé lo que sientes, yo sé por lo que está pasando,

¡mentira!, no saben. Solo el que ha pasado por esto, sabe por lo que se pasa. Yo sé que tengo que perdonar para estar bien con Dios y conmigo misma, pero eso tendrá su tiempo. Dios se encargará de aliviar mis heridas, de reconstruir un corazón hecho pedazos y de mí que estoy destruida, poniéndome la máscara cada día para salir a la sociedad, pero si investigan verán lo que encuentran detrás de esa mascara: algo devastador, destruido, en reconstrucción pedacito a pedacito, y para reconstruirlo de molido que quedó, lleva años o quizás toda la vida.

Si tienes a tus hijos debes seguir caminando por ellos, aunque te arrastres como una culebra para poder estar de pie.

Este amor que siento se ha quedado estancado, ¿a quién se lo doy?

11/04/2013

Un día, una mamá que estaba pasando por lo mismo me escribió esto y me dio paz, por eso lo escribo:

Dilenia querida:

¿Sabes qué, Dilenia? Estás dando lucha a ese dolor y sin darte cuenta estás progresando muchísimo, es por eso que el cuerpo lo está sintiendo, pero no te dejes vencer. ¡Vas bien, amiga! El amor te mantiene y ese ángel hermoso que no deja que su mamita caiga.

13/04/2013

El dolor es como un tigre hambriento, de pronto te das cuenta que estas frente a él y de nada servirá que corras, porque de todos modos te alcanzará.

Es mejor abrazar al tigre y dejar que te coma. Así que no huyas del dolor, vive el dolor, solo viviendo las cosas aprenderás a valorar todo lo bueno que aún te queda, pero no te encierres en el: vívelo y pasa esa página, para que cuando salgas de él, puedas sentirte una mujer renovada. Llora todo lo que tengas que llorar hoy, mañana es un nuevo amanecer. Sale nuevamente el sol y tu vida continúa. Dale vuelta a la página y empieza a escribir el libro de tu vida.

A veces sentimos que ya nada vale la pena. No encontramos una razón para vivir. Tenemos un dolor tan grande que nos desgarra el alma. No encontramos sentido a nada, nos refugiamos en las lágrimas, en el encierro, nos aislamos, guardamos sentimientos y llenamos nuestro corazón de odio. ¿Y qué ganamos con esto?

02/05/2013

Anoche no pude dormir. Aunque casi no duermo, anoche fue de lo más terrible de todas las noches.

El tiempo pasa y siempre lo mismo: me siento asustada, me dan ataques de pánico y este miedo que me quema por dentro. Quiero trancarme en la casa y no salir jamás. Odio cuando me dicen que tengo que aceptarlo, que debo ser fuerte. ¡Oh, Dios! Los perdono porque ellos no saben lo que yo siento.

17/05/2013

Sigo muy mal, diría que peor, con esta ansiedad que no soporto, pero el Señor está conmigo, me lo ha demostrado.

Con muchas emociones raras y fuertes, diría que insoportables, pero tengo la esperanza de que un día tendré paz y tranquilidad. Con eso me conformo. Tengo el corazón oprimido como cuando se agarra una esponja y la exprimes. Siento tanta, pero tanta impotencia, tanta rabia, tristeza y una depresión que me consume cada día más.

20/05/2013

Ayer fui a la iglesia, presentamos la niña al Señor. Me senté en las primeras sillas donde nadie me molestara. Cuando terminó la presentación y empezaron alabar al Señor, luego subió el pastor y pasó algo extraño. El pastor dijo:

> *— Aquí hay una mujer que se siente devastada, con el corazón oprimido, con el corazón roto, quizás por la pérdida de un familiar muy cercano, un ser querido muy cercano. Vamos a orar para que esta persona tenga paz en su corazón. Cuando el pastor dijo eso, me sorprendí porque era yo. Me estaba descubriendo a mí y cuando oraron sentí que mi corazón se estremeció y salió un dolor tan grande de mi cuerpo. Tenía días que no dormía bien y ese día dormí más tranquila. Espero que sea el Señor comunicándose conmigo para que yo encuentre paz.*

22/06/2013

Recuerdo un día como hoy partíamos rumbo a Ocoa, todos felices, íbamos de camino en la guagua todo incómodo y como quiera yo iba feliz, porque iba a ver a mi papá, a mis hermanos, pero no sospechaba lo que la vida me tenía preparado en ese viaje.

Aquí sigo, mi hijo, un día a la vez, con pensamientos raros de querer morir, pero Dios me protege. He leído que es normal en el duelo.

Hijo mío este mes ha sido tan duro para mí. Tu primer cumpleaños sin ti. Tus 18 años tan esperados. Recuerdo que te pregunté:

> *— ¿Qué quieres para tu cumpleaños?*

> *— Ir a Bávaro- me dijiste.*

Un tiempo después volví y te pregunté:

— ¿Qué quieres para tu cumpleaños?

— No quiero nada- me dijiste.

— Ah, pero eso no me gusta porque lo que viene es grande, el golpe es grande, yo pensaba que era porque me iba a pedir algo caro. Tampoco estuviste físicamente en mi cumpleaños, pero me viniste a visitar dos días antes, gracias por abrazarme, aunque fuera en sueño.

Aún no me acostumbro a vivir sin ti. Mi cabeza está adormecida. Simplemente te fuiste y ya no te vi más. Ese era mi miedo más grande: que te pasara algo. Aun no sé qué fue lo que pasó en ese lugar, cómo fue que sucedió todo. Eso me ha hecho tanto daño. La verdad no me he podido perdonar al verte llevado a ese lugar. ¡Perdóname! Yo no sabía del peligro que nos asechaba.

Espero que el Señor te tenga en su reino ya con eso me conformo. Te amaré por siempre. Tenía la felicidad y no la vi. Ya no seré la misma nunca más.

15/5/2014

Esto se vuelve más destructivo cuando no encuentras ese refugio. Ese apoyo que te da seguridad y paz. Cuando en vez de ayudarte se alejan de ti y te pasan a dos kilómetros para no pasar cerca de ti, temen contagiar con ese aburrimiento, esa ira, con esa tristeza, esa irritabilidad.

19/10/2014

Casi dos años sin ti y qué te puedo decir.

He luchado para sobrevivir, para seguir sin ti.

He tenido que enfrentar muchos miedos, el dolor sigue igualito, pero ya con más paz y menos desesperación.

Mi amor por ti sigue intacto, aún me llegan oleadas de esos pensamientos que me recuerdan que ya más nunca te volveré a ver y trato de desecharlo rápidamente de mi mente.

Ya para este momento tendrías 19 años y mami estaría muy orgullosa de su hombrecito, pero la vida no lo quiso así. No fue posible. Hoy aspiro a escribir un libro en tu honor y que sirva para ayudar a otras madres que al igual que yo han perdido un hijo.

10/12/2014

Son las 6 de la mañana y escribo porque no aguanto la angustia. Casi 2 años que te fuiste, mi hijo amado, y todo está como si nada hubiera pasado. Yo estoy destruida por dentro, esta taquicardia por tu ausencia no se me quita y no voy al médico para que no me digan lo mismo: debes estar tranquila.

11/12/2014

Me siento destruida. En un mundo que no deseo, un mundo desconocido para mí. Esperé por unos días que mi hijo volviera, pensaba que Dios en su misericordia y viendo mi sufrimiento tan grande me lo iba a resucitar. ¡Wauuu! Para mí era un hecho. ¡Cómo se protege la mente para no enloquecer! Luego, pasados los días se fue desenmascarando esta falsa idea y fue instaurándose la única verdad que existía: Adonay se ha ido para siempre. Físicamente, ya no estaba, ¡qué golpe! Cuando mi mente se ve en esta situación, entra en una especie de ausentismo, mi mente empieza a desconectarse de la tierra, estaba sentada ahí, pero solo era mi cuerpo. Mi mente estaba muy lejos de la tierra y puedo jurar que podía pasar un huracán y no me hacía regresar. Era inimaginable que yo me recuperara de esto, es más, estaba convencida que no saldría de ese túnel negro donde había caído. Era el fin para mí.

El sabor, la alegría, el color, el entusiasmo, el brillo habían perdido sentido. Era un planeta extraño para mí. Sentía como si me hubieran trasladado a otro planeta donde no había gente, solo yo, un lugar desolado de donde nunca regresaría. ¡Qué miedo sentía! El mundo se dio vueltas. Era impensable que me estuviera sucediendo esto.

No soporté volver a mi casa y por suelte nadie me obligó. Sentía mi corazón partido en mil pedazos cuando pisaba las puertas de mi casa.

Lo peor fue haberme quedado donde mi suegra, ya a los pocos días molestaba. No le guardo rencor porque el que no ha pasado por esta traumática experiencia, no puede imaginar lo que uno siente. Yo fui la que le invadí su espacio en busca de refugio y de minimizar el dolor, que equivocada estaba ya que el dolor iba conmigo a todas partes que yo fuera porque estaba clavado en mi corazón.

Hoy, a casi dos años de su partida, estoy aprendiendo a vivir con tu ausencia. El dolor sigue igual en mí, el amor es más grande cada día.

21/12/2014

En este día me vuelve a visitar el desconsuelo. La única verdad que brilla es que Adonay se fue para siempre, es aún increíble todo esto.

En él tenía puesta tanta esperanza, tantos planes, pero solo eran mis planes no los de él. Se fue un gran futuro, un niño excelente, incapaz de ofender a nadie, casi a sus 18 años y tenía una inocencia como pocos de la época.

Le gustaba mucho la música, la tecnología. Su comida favorita era sopa, espaguetis, la pizza etc. Era muy familiar, amistoso, nunca me trajo algún problema a la casa. Le gustaba la mecánica, los carros, las pasolas. Le encantaba su barrio, siempre me decía que si yo me mudaba que no fuera lejos de ahí.

25/12/2014

Hoy cumple mi hijo dos años que se fue. Un día como hoy a las 4 y media de la tarde estaba aconteciendo lo que cambiaría mi vida para siempre.

Estoy sola. Como siempre, mi esposo se fue donde su mamá con los niños. No pudo estar conmigo hoy tampoco acompañándome, mejor así, así puedo desahogarme sola, sin tener a nadie que me dé sus consejos raros. No lo puedo obligar a darme soporte en este día, es su decisión y lo respeto.

21/03/2015

Desde aquel día perdí mi identidad.

Hoy me pregunto: ¿quién soy? ¿Qué hago aquí en este mundo? ¿A qué vine? ¿De dónde vengo? ¿A dónde voy? ¿Dónde está mi hijo amado? Y miles de preguntas sin respuestas que me hacen ver el mundo falso y eso me mantiene frustrada.

Mi mente es como una máquina que va a millón, pensando y pensando. Si trato de dejar de pensar, se embota.

Creo que por mi temor a Dios y por su misericordia sigo viviendo el día a día como se presenta.

Veo tanta gente que se quejan por cosas que se pueden resolver y por cosas materiales. Me digo a mi misma: tienen la felicidad en sus manos y no la pueden ver.

04/07/2015

Hoy pienso y me pregunto por tantos padres o madres con la oportunidad de ayudar a sus hijos y quizás no lo hacen. Se dejan llevar más de lo emocional que de lo racional.

Veo tanta gente sufrir por pequeñas cosas; los hijos cometen pequeños errores y lo condenan.

¡Si supieran lo que es vivir sin un hijo! Todo tiene solución menos la muerte.

Son muchos días y muchas noches sin dormir buscando la causa y el responsable de lo sucedido, situación que agota tanto física como mentalmente, y al fin me quedo con un solo responsable: yo misma.

28/07/2015

Después que perdí a mi hijo, me he pasado factura como cuando uno llega a cierta etapa de la vida.

Siempre pienso que soy la culpable de esta desgracia y aunque trato de desechar ese pensamiento, siempre se hace presente.

La culpa es tan grande, tan destructiva que cuando tengo relaciones sexuales con mi esposo, me da un ataque de llanto, quizás porque en mi idea irracional o emocional está que no me merezco nada ya.

He aprendido a convivir con todo esto. Es como si a través del tiempo lográramos poner límites a ese monstruo que nos atormenta día y noche.

Seguimos hacia delante y miramos hacia atrás. Nos damos cuenta de que estamos más en calma, pero de repente aparece ese monstruo con el que tenemos que lidiar, luchar nuevamente. Así, en la lucha por no dejarnos aplastar, logramos empujarlo, meterlo en el pasado y cerrarle la puerta, pero sabiendo que logrará abrirla de nuevo y que tenemos que estar preparados y pendientes para la lucha nuevamente. Por ahora, quedó detrás de la puerta, detrás de la muralla y debemos de mantenerlo el mayor tiempo posible allí.

31/10/2015

Muchas personas escriben libros o su historia, pero hay cosas que no las cuentan y quizás sea por vergüenza. Pues hoy contaré algo muy especial que me sucedió los primeros días de la muerte de mi hijo.

Volví a ser una niña que necesitaba de toda la atención y cuidado de los demás, especialmente de su madre, pero ya esa madre tampoco estaba, se había ido antes que mi hijo.

Volví a orinarme en la cama y si no corría rápido al baño se me salían los pipís. Esos primeros días era como un bebé que empezaba a caminar, me levantaba y volvía a caer, volvía a intentarlo y volvía a caer. Algunas veces cansada me daba por vencida, pero luego volvía a intentarlo, hasta que día a día, poco a poco fui logrando dar un paso más. Hoy puedo seguir hacia adelante con mi mochila, aunque sea pesada de llevar.

14/02/2016

Hoy es día de san Valentín, sola en casa. Mi esposo se fue como siempre para donde su mamá, yo como siempre tampoco quise ir. Siempre trato de que esta situación no me cause daño. Ya basta con lo que estoy pasando. Sé que el apoyo para salir de esto principalmente de familiares y amigos es muy importante, pero no se puede obligar a nadie y en estos momentos prefiero no tomar ninguna decisión.

5/5/2017

Hoy vuelve la nostalgia como de costumbre. Ha venido a recordarme que no estoy sola, que alguien me cuida aún sin poderlo ver y me ha dicho que esta noche tengo una cita con la tristeza, que me prepare porque será una noche inolvidable, y pueda ser que no me dé tiempo para dormir de tan ocupada que voy a estar.

Entre la almohada, la nostalgia y la tristeza quedará aquellos dulces y deseados recuerdos, y si la pijamada termina temprano, puede ser que en mis sueños te pueda ver.

23/12/2017

¡Qué tristeza se siente en mi corazón! Llega navidad y duele la ausencia de tu alegría. Te gustaba tanto la navidad que es imposible no sentir tu esencia.

5 años que te fuiste y aún pienso que volverás, no me acostumbro a la idea de que jamás volverá, que jamás volveré a verte.

Otro 24 de diciembre sin tu presencia física, un plato menos en la mesa, la silla vacía en penumbras.

30/12/2017

Me da pereza comenzar un nuevo año. Para mí enero es muy aburrido y pesado.

Me da miedo esperar un nuevo año, de ser lo que más me gustaba paso ser lo que más le temo, quizás porque ahora conozco lo frágil de la vida.

¿Qué puedo decir 5 años después?

Cómo sobre viví a estos 5 años de duelo:

Me dieron ataques de pánico.

Conté los días sin ti, luego los meses, los años.

Me subió la presión y fui medicada.

Lloré desconsoladamente. Las noches eran testigos de eso.

Caminar el primer año sin ti fue terrible, donde quiera que iba era llorando: carros públicos, guaguas, supermercado, restaurantes, etc.

Me frenaban los carros en los pies y me voceaban cosas feas, porque simplemente andaba en el cielo.

En el primer año me hacía pipí en la cama y se me salían de los nervios.

La culpa casi me mata.

Se fueron amigos que amaba y extrañaba.

Se fueron familiares que amaba y extrañaba.

Conocí nuevos amigos.

Conocí otras madres que habían perdido hijos, lo cual me ayudó mucho.

Padecí fobia social.

El cuerpo me pasó factura por estar sometido a tanto dolor y estrés. El resultado fue: gastritis crónica, úlcera y una operación por daños causado por estreñimiento.

En este 2018 solo pido paz, salud. Que el señor me llene cada día de su amor y entendimiento.

7/9/2019

Hace mucho no escribo.

A 6 años y 9 meses que llevo en duelo es algo que no tiene explicación, ni acabadera. Pero, miro hacia atrás y veo que sí he avanzado mucho.

Aún con síntomas de ansiedad y depresión, algunas veces vuelve la ira más fortalecida. Algo inexplicable.

Hay ocasiones en que todo tiene sentido, pero otras veces nada tiene sentido. Es como si viviera en una batalla interna. A veces pienso que tengo un duelo patológico.

Después de un tiempo luchando con mi inconsciente y mi mente al no querer entrar a la realidad, perdí la batalla. Solo me quedaron dos caminos a elegir: cruzar el valle de la muerte o quedarme paralizada. Decidí con mucha confusión e incertidumbre cruzar ese valle que me esperaba, un valle lleno de rocas, oscuridad, soledad, y un inmenso dolor que me desgarraba el alma. En este valle voy caminando día a día como puedo, hay días terribles donde tengo que parar y descansar, conseguir energía para poder seguir.

Es un valle lleno de tristeza, de si debo seguir, de si lo mejor es tirar la toalla y darse por vencido. Hay días de lluvias muy grises y un enorme frío. Este camino es incierto e infinito.

Este camino me tocó recorrerlo sola porque nadie lo puede hacer por mí. Me da miedo seguir porque no sé qué hay del otro lado, ni qué va a pasar cuando llegue allí.

También en este valle he aprendido lo que en realidad es importante en esta vida. He llegado a la conclusión de que lo más importante es la familia, el amor que le puedes dar a los demás y a uno mismo.

He aprendido que el día es hoy, que no existe el futuro, que no tengo el control de nada y que lo que se perdió no se puede volver a tener.

Dilenia Encarnación. 11/07/2017.

2/09/2015

Después de esto perdí amigos, familiares
y, entonces, uno siente que se agranda
más el sufrimiento y confusión. Sientes
miedo de saludarlos si te los encuentras
porque uno siente que lo ven como algún
animal peligroso y raro. No sabemos lo
que está pasando, es como una tormenta
que llega sin avisar y arrasa con todo
llevándose la paz y la alegría para siempre, dejando una desolación increíble donde
cada quien debe remar, nadar con mucha
fuerza para poder salir a flote y no sucumb[ir]

Deja un hermano, hermana asustados que
pre...tan que ha pasado, dónde está su
.... ha ido sin despedirse
.... amigo,

todo, se nos olvida que aún seguimos
el mundo y que estamos vivos, que [...]
otros que nos necesitan y reina la esp[...]

Sentimos que se ha apagado la luz q[ue]
ilumina el mundo. Todo se convierte
en tinieblas. Se vive algo parecido
a lo mencionado en la Biblia, en
penumbras, se cae en un hoyo sin
salida en el cual debemos permanecer
por mucho tiempo hasta que encontremos
la manera de salir de allí.

Nuestro corazón queda quebrantado
a gritos por dentro [...]

Epílogo

Cuando la palabra no era suficiente para comunicar lo que sentía y cuando nadie me entendía, escribía para poder expresar lo que había en mi corazón y de esa manera sentir un poco de paz.

A siete años de la muerte trágica de mi amado, me armo de valor y decido escribir este libro con el propósito de que puedas encontrar en mis palabras y experiencias la luz que quizás hace tiempo estás buscando.

Deseo de todo corazón que tu caminar en este proceso se ilumine y encuentres consuelo en mi historia, pues si algo aprendí en este tiempo, es que el pasado no se puede cambiar, pero sí podemos hacer algo con lo que nos pasó.

Es tu decisión quedarte tirada o levantarte y hacer algo por ti y por el que sufre. Eso nos hace menos egoístas. Ese amor que ha quedado estancado en nuestro corazón debemos tratar de invertirlo en otras cosas, encontrar a quien dárselo, quizás ayudando al que necesite una mano amiga, a otros padres que caminan el mismo sendero y es lo que nos ayudará a sanar. No seremos jamás la misma persona, seremos mejores o peores personas. Yo elegí ser mejor persona.

Bibliografía

Guillem et al (s.a.). Manifestaciones del duelo, 71-77). Instituto valenciano de oncología (IVI). Valencia.

https://seom.org/seomcms/images/stories/recursos/sociosypro-fs/documentacion/manuales/duelo/duelo08.pdf

Kúbler, Kessler (2016). Sobre el duelo y el dolor. Editora: Luciérnaga (15- 29).

Vanesa Vedia (2016). Revista Digital de Medicina Psicosomática y Psicoterapia. Duelo patológico, factores de riesgo y protección, 2, 13-16. Volumen VI. https://www.academia.edu/36831521/Pathological_grief_Risk_and_protection_factors

Acerca de la autora

Dilenia María Encarnación, nació en San José de Ocoa, República Dominicana, en el 1974.

Estudió psicología en la Universidad Autónoma de Santo Domingo, donde se graduó en el año 2009. Tiene estudios a nivel de maestría en terapia familiar, y diplomados en modificación de conducta, psicometría, dificultades para el aprendizaje, autismo, logopedia, duelo, neuro psicopedagogía del aprendizaje escolar, psicodiagnóstico proyectivo, filosofía para niños y terapia racional emotiva.

Recibió un reconocimiento en el 2013 por parte de la vicepresidencia de su país por su buen desempeño laboral.

Su primera obra, hace referencia a su propia historia, un acontecimiento desafortunado que marcó y cambió su vida para siempre.

Actualmente, pertenece a la comunidad de autores A90D.

Ha impartido talleres sobre duelo y acompaña a padres y madres que enfrentan la muerte de un hijo.